OS NÓS DA ANSIEDADE

THALES PEREIRA

OS NÓS DA ANSIEDADE

Editora
IDEIAS &
LETRAS

Direção Editorial:
Marcelo Magalhães

Conselho Editorial:
Fábio E. R. Silva
José Uilson Inácio Soares Júnior
Márcio Fabri dos Anjos

Preparação e Revisão
Pedro Paulo Rolim Assunção
Thalita de Paula

Diagramação:
Airton Felix Silva Souza

Capa:
Rubens Lima

Todos os direitos em língua portuguesa, para o Brasil, reservados à Editora Ideias & Letras, 2024.

4ª impressão

EDITORA IDEIAS & LETRAS

Avenida São Gabriel, 495
Conjunto 42 - 4º andar
Jardim Paulista – São Paulo/SP
Cep: 01435-001
Televendas: 0800 777 6004
vendas@ideiaseletras.com.br
www.ideiaseletras.com.br

Dados Internacionais de Catalogação na Publicação (CIP) de acordo com ISBD

Os nós da ansiedade/Thales Pereira.
São Paulo: Ideias & Letras, 2020.
176 p.; 14cm x 21cm.

ISBN: 978-85-5580-065-8

1. Psicologia. 2. Terapia Cognitiva Comportamental. I. Título.

2020-208	CDD 616.89142
	CDU 616.8-085.851

Elaborado por Vagner Rodolfo da Silva - CRB-8/9410

Índice para catálogo sistemático:
1. Terapia Cognitiva Comportamental 616.89142
2. Terapia Cognitiva Comportamental 616.8-085.851

SUMÁRIO

Prefácio 07

Suplemento à primeira edição 11

Introdução 25

1. Ansiedade: diferenciação entre ansiedade normal e ansiedade patológica 29

2. Transtorno de Ansiedade 39

3. Terapia Cognitivo-Comportamental 55

4. Você e a ansiedade: aprendendo a repensar 65

5. Você, o outro e a ansiedade: vendo e aprendendo além de si mesmo 75

6. Você, os outros e o mundo: desvendando o mundo externo através do mundo interno 81

7. Terapia Cognitivo-Comportamental em Grupo: uma experiência de empatia e pertencimento 93

8. Nós e os nós da ansiedade: aprendendo a desatar os nós da ansiedade 111

9. Nós e o destino: aprendendo a ser livre 131

10. Nós e os nós: o que fazer? 143

Considerações finais 149

Anexo I - Lista de onze erros cognitivos mais comuns 155

Anexo II - Lista de quatorze distorções cognitivas mais comuns 157

Anexo III - Inventário de Ansiedade de Beck – BAI 161

Anexo IV - Registro Diário de Pensamentos 163
Disfuncionais

Anexo V - Questionando Pensamentos Automáticos 165

Apêndice 167

Bibliografia 171

PREFÁCIO

É uma honra e um privilégio ter sido convidada para escrever o prefácio deste livro, *Os Nós da Ansiedade*, de autoria do psiquiatra e psicoterapeuta Thales Pereira. A obra é enriquecedora e, por meio de depoimentos dos integrantes do grupo "Nós", articula teoria e prática psicoterapêutica.

A vivência em grupo revela-se uma experiência gratificante. Assim como o grupo, o livro também nos possibilita e nos motiva a compreender as práticas e técnicas derivadas da teoria e dos encontros compartilhados.

A leitura do livro, do começo ao fim, é prazerosa. O autor propõe reflexões sobre o tema da ansiedade, as quais introduzem uma outra forma de pensar a respeito das cognições disfuncionais ou das interpretações errôneas sobre elas. A ansiedade é uma reação natural, normal ao ser humano; é um sinal de alerta e necessária ao corpo; faz parte do nosso sistema de defesa e está projetada em quase todos os animais vertebrados.

Porém, quando em excesso, impacta a saúde emocional e traz consequências comprometedoras para a vida do indivíduo.

Com uma linguagem clara, espontânea e com riqueza no conteúdo, o autor esclarece e evidencia a diferença entre ansiedade normal e patológica, buscando desmistificar o que o senso comum define como ansiedade. Já na "Introdução", os questionamentos apresentados funcionam como espelho, refletindo questões do cotidiano, o que torna a leitura mais convidativa.

Tive e tenho o privilégio de presenciar, acompanhar e conduzir junto, desde o início, os encontros mensais do grupo psicoterapêutico "Nós – Terapia Cognitivo-Comportamental", empregando intervenções cognitivo-comportamentais, como a psicoeducação, a identificação dos pensamentos automáticos e das emoções, a identificação das crenças centrais e intermediárias, a reestruturação cognitiva, a resolução de problemas e também a avaliação do processo. Como foi ilustrado, os encontros do grupo são inspiradores, levando os participantes a mudanças e a um gerenciamento mais equilibrado das próprias vidas.

A obra enfoca os conhecimentos da Terapia Cognitivo--Comportamental (TCC), partindo da premissa de que as emoções e os comportamentos das pessoas são influenciados pelo modo como elas pensam e interpretam os eventos. Há um interesse crescente no modelo cognitivo de psicoterapia individual ou em grupo, estimulado por um grande número de resultados de pesquisas, que demonstram sua objetividade e eficácia em uma série de transtornos psiquiátricos e distúrbios médicos.

A Terapia Cognitivo-Comportamental, proposta e desenvolvida por Aaron Temkin Beck e seus colaboradores, é um sistema de psicoterapia que integra um modelo cognitivo de psicopatologia e um conjunto de técnicas e estratégias terapêuticas. A TCC focaliza a modificação de padrões de pensamentos e de crenças disfuncionais, influenciando uma mudança de comportamento no indivíduo. Aaron T. Beck, o criador da Terapia Cognitiva, enfatiza que "não é uma situação que determina como nos sentimos, mas sim o modo como a construímos".

Segundo o autor, o medo por vezes parece ser o "pai" da ansiedade, outras vezes parece ser o "filho", mas no fim das contas percebemos que são irmãos. E, devido a essa ligação, nossos pensamentos ansiosos são irreais, distorcidos e inválidos. Sendo assim, fazemos previsões catastróficas, superestimamos o perigo e subestimamos nossa capacidade de enfrentá-lo. No processamento cognitivo dos que sofrem transtornos de ansiedade, observa-se que há em seus pensamentos a seletividade de sinais de ameaça, derivados da superestimação da própria vulnerabilidade, e o descarte de elementos contrários.

Para finalizar, estamos diante de um livro que apresenta uma contribuição significativa para que pacientes, familiares e profissionais de saúde busquem avaliar eventos com maior realismo, neutralizando interpretações errôneas e promovendo comportamentos mais assertivos.

Sandra Lúcia Almeida Cardoso

Psicóloga e psicoterapeuta, com mestrado em Educação pelo Unisal. Especialista em Análise Transacional (Instituto Gente), Psicologia Social e do Trabalho (Instituto Sedes Sapientiae), Dependências Químicas (Unifesp) e Terapia Cognitivo-Comportamental (Instituto de Terapia Cognitiva). É membro da Associação Brasileira de Psicoterapia Cognitiva (ABPC).

Suplemento à primeira edição

"Temo somente uma coisa: não ser digno do meu tormento."
Dostóievski

No ano de 2013, iniciamos o grupo de crescimento com as Técnicas de Terapia Cognitiva Comportamental. Objetivávamos trabalhar com aqueles que estivessem sofrendo com transtorno de ansiedade generalizada, pânico e fobias, mas os transtornos de estresse agudo ou pós-traumático não seriam incluídos. Foi o que fizemos na época.

Entretanto, neste momento em que diariamente vivemos uma realidade traumática coletiva, que se estende por vários meses, frente a uma pandemia, não há como nos esquivarmos de fazer uma forte reflexão sobre a dor da humanidade diante de tantas incertezas, mortes e dores.

São muitas reflexões!

Foi em março de 2020 que a editora Ideias & Letras trouxe a notícia de que estava pronta a primeira edição deste livro. Era justamente uma hora crítica para todos. Iniciávamos ali uma trajetória de reclusões sociais, cuidados diversos com a saúde e mal sabíamos lidar com tal realidade.

Rapidamente, passamos a viver uma vida virtual, e precisávamos nos adaptar.

Incorporamos a telemedicina, a telepsicologia, a telessaúde em nossas rotinas.

Revendo as técnicas da TCC, urge repensarmos com maior atenção, procurarmos mudanças internas e externas possíveis e aceitarmos aquilo que não podemos mudar.

Nossa intenção, que era dedicarmo-nos ainda mais aos trabalhos com grupos, tornou-se uma missão ainda maior para o futuro, principalmente no que tange aos transtornos de estresse que já se apresentaram e aos que virão. Não há como negar. Deveremos nos paramentar, nos aparelhar com as "ferramentas" da TCC e de outras abordagens terapêuticas, principalmente as mais humanistas.

Fica claro para todos que tanto a ansiedade natural quanto a patológica aumentaram. Precisamos estar mais atentos para não transformarmos em uma catástrofe ainda maior o que já é tão danoso.

E, quando tudo passar, infelizmente, teremos as consequências do pós-trauma.

Sabemos que os números de Transtornos de Estresse Pós-Traumático (TEPT) serão grandes.

O Transtorno de Estresse Pós-Traumático, como o próprio nome diz, é um transtorno que, mesmo após ter se passado longo período da exposição ao evento traumático, o paciente apresenta sintomas que geram sofrimentos e são extremamente prejudiciais.

Costuma-se falar na tríade de sintomas, que são: as tais revivescência do trauma, os *flashbacks*; as esquivas, afastamentos sociais, entorpecimento emocional, sintomas de embotamento afetivo; e também a hipersensibilidade ("sustos com pequenos estímulos"), a hiperestimulação autonômica.

Sabemos que expressões de raiva, excitabilidade e quadros dissociativos aparecem nestes casos.

Estes transtornos eram agrupados na mesma categoria que os Transtornos Ansiosos, no *Manual Diagnóstico e Estatístico de Transtornos Mentais*, o *DSM IV* da American Psychiatric Association, porém, em 2013 (*DSM V*), passaram para outro agrupamento pois ficou claro que, aqueles que foram expostos a eventos traumáticos e estressantes, apresentavam sofrimentos variáveis e, dentre eles, além da ansiedade e medo, eram proeminentes os sintomas depressivos, disfóricos, dissociativos e expressões intensas de raiva.

> No TEPT, os sintomas devem durar mais de 1 mês e preencher os seguintes critérios: 1) um ou mais sintomas de intrusão; 2) evitação persistente de estímulos associados ao evento traumático; 3) alterações negativas em cognições e humor; e 4) alterações marcantes na excitação e reatividade associadas ao evento traumático. Além disso, o clínico deve especificar se há presença de sintomas dissociativos de despersonalização e desrealização. CORDIOLI, Aristides V. *et al. Psicofármacos*. Artmed, 2015, p. 563.

Desastres!
Catástrofes!
Como não fazer reflexões!

E quanto perigo existe em negarmos os riscos ou catastrofizarmos ainda mais o que já é tão catastrófico.

Remeto-me a muitas reflexões.

Cito aqui o relato de um motorista de táxi que, em 2013, em Curitiba, no período do Congresso Brasileiro de Psiquiatria, ao fazer o trajeto do hotel para o centro de convenções, contou seu drama durante a viagem, pois havia perdido sua esposa em situação bastante traumática, em atropelamento, do qual participou ativamente no socorro, porém, sem êxito. E, apesar de haver meses do ocorrido, queixava-se de que as lembranças eram tão presentes que parecia ter sido "ontem". Acordava pelas madrugadas assustado e com pesadelos. Certamente nos revelava sobre as tais revivências e *flashbacks*, um dos três sintomas mais frequentes no Transtorno de Estresse Pós Traumáticos (TEPT) e queria saber qual seria o melhor tratamento. Com certeza, devolvemos a ele nossas indicações conforme nosso entendimento da época, o que nos pareceu tê-lo deixado agradecido e um pouco mais confortado.

Naquele dia, teríamos um curso de Terapia Cognitivo--Comportamental, com os professores e a equipe da Universidade de Porto Alegre, e o tema central era o serviço prestado aos sobreviventes da boate Kiss. Esses profissionais prestaram seus serviços. Dentre tantas informações e experiências, revelavam o quanto os protocolos de socorro eram parcos e, como mantinham contatos com profissionais de várias partes do mundo, puderam reunir diversas informações pertinentes para tais cuidados. Para mim, marcou bastante quando uma das professoras nos explicou que, nas primeiras 72 horas, o principal cuidado parte do pedido daquele que sofre, visto que um precisa ser ouvido, outro precisa de um acolhimento, um outro poderá necessitar de um medicamento, mas todos precisarão diuturnamente de atenções e cuidados.

Alertavam-nos também que o TEPT (Transtorno de Estresse Pós-Traumático) passará a ter índices elevados e que necessitarão de estudos e dedicações com profissionais da saúde mental e todos aqueles que se interessarem na ajuda humanitária frente a tais perspectivas, pois catástrofes e desastres tenderão a um aumento quantitativo e significativo.

> Embora muitos estudos tenham investigado a eficácia dos tratamentos farmacológicos no TEPT nas últimas décadas, diversas questões permanecem em aberto, e muitas das recomendações são baseadas na experiência clínica e em estudos que ainda não fornecem evidências suficientes para as diretrizes propostas. A farmacoterapia como tratamento exclusivo é recomendado como primeira escolha para adultos apenas na ausência de resposta às psicoterapias, quando estas não estão disponíveis, ou na presença de depressão moderada a grave. A qualquer momento do tratamento farmacológico, especialmente quando é necessário escolher entre potencializar ou trocar uma medicação, a avaliação do efeito real da substância e da presença e da magnitude de efeitos colaterais deve ser muito criteriosa, objetivando evitar a polifarmácia. CORDIOLI, Aristides V. *et al. Psicofármacos*. Artmed, 2015, p. 565-566.

São situações que os profissionais de saúde são atirados em missões que não havia uma prévia, um protocolo a seguir. É como se tivéssemos que estar preparados sem nunca termos parado e nos debruçado nestes assuntos tão trágicos. O ideal será sempre a prevenção.

Bombas de Hiroshima e Nagasaki, Japão (1945), a estação nuclear de Chernobyl (1986), o terremoto e tsunami no Oceano

Índico (2004), o furacão Katrina nos EUA (2005), o terremoto no Haiti (2010).

As pestes são tantas que nem nos damos contas de que, apesar de viventes deste mundo, somos também sobreviventes. A "Peste Negra", terrível epidemia da Europa no século 14, com milhões de mortes; a Gripe Russa ou Asiática de 1889; a gripe Espanhola de 1918; a Gripe Asiática de 1956; a Gripe de Hong Kong de 1968; a Gripe Suína de 2009; todas com milhares de mortos.

E a AIDS, com seu auge em 1990, deixando mais de trinta milhões de mortes. Sem contar tantas outras de um passado mais antigo.

As pragas do passado, as guerras, as pestes, os desastres naturais, os desastres causados pelo homem...

Como não fazer também a reflexão sobre os sobreviventes?

Como não fazer a reflexão do sofrimento e dor dos sobreviventes, tanto aqueles que estiveram frente à morte, como aqueles que perderam seus entes queridos.

Não posso deixar de evocar a história do meu avô paterno que perdeu a primeira esposa devido à gripe espanhola, em 1918. Ele superou tal dor com muito esforço e conseguiu se reerguer, por mais de vinte anos; mas, com o surgimento da segunda guerra que afetou as estruturas do país com danos irreparáveis, sucumbiu, caindo em profunda depressão durante tantos anos, que o impediu de seguir em seu trabalho de sapateiro, deixando aos filhos mais velhos este labor e dever, claro, com perdas significativas, que deixaram marcas, cicatrizes e prejuízos indeléveis.

Somente a partir de 1980 o TEPT foi reconhecido de fato como um diagnóstico de transtorno mental, mas fica evidente que este mal já fazia parte da nossa história. E, no caso do meu avô, aquele embotamento afetivo que durou anos era, provavelmente, outro sintoma do TEPT, diagnóstico que na época não existia e, portanto, nem tratamento havia, mas os prejuízos foram imensos.

Também evoco a história de um vizinho, ex-combatente de Monte Castelo, na Itália, quando nossos pracinhas brasileiros por lá lutaram. Ele relata com visível honradez, que trabalhava com código morse, retransmissão de mensagens, código numeral. Diz: "Somente o coronel e eu sabíamos das mensagens secretas enviadas por estes códigos". Conta também que perdeu um amigo por causa de uma bomba. Durante a noite, ficava nas trincheiras como guarda. Não podia cochilar. Conta-nos da existência de um cachorrinha que, quando percebia algum perigo, cutucava sua perna para que acordasse. "Estava sempre atenta a qualquer barulho, mas nunca latia, ficava vigilante com as orelhas em pé." Ao final da guerra, tentou permissão para trazê-la para o Brasil, mas os americanos não permitiram que embarcasse no navio. Deixou-a aos cuidados de um italiano que se prontificou a cuidar dela.

Hoje, com seus 99 anos, recorda tal guerra e conta com detalhes que nos fazem querer mudar de assunto. Diferente de meu avô, este homem teve mais resiliência para se superar e se superou. Interessante se pudermos, num paralelo entre eles, afirmar que os dois foram expostos a possíveis traumas psíquicos com o risco de desenvolverem a depressão, mas a superação se deu por recursos psíquicos próprios e não pelo tamanho do sofrimento em si. E é necessário refletir que nenhum dos dois foi tratado. Sabemos que eram parcos recursos terapêuticos naquela época. Sabemos que hoje existem mais recursos e mais remédios, mas não poderemos esquecer que, também hoje, existem mais "venenos" a intoxicar os seres e o planeta.

Sabemos, portanto, que existem aqueles que superarão com maior facilidade tais transtornos, pois muitas vezes têm boa capacidade de "resiliência", certamente a plasticidade interna de sua própria personalidade. É evidente que deverão receber acolhimento, cuidados e amparo ao seu redor, tanto no âmbito familiar como social. Parece-nos que, ao ser humano, cabe a possibilidade de superar-se, mesmo diante de tantas dificuldades.

Retomo aqui o que disse anteriormente no início do capítulo 9: "Quem sofre de transtorno de ansiedade, por certo será mais fatalista do que aquele que não sofre de tal transtorno. No entanto, isto não o protege e nem o livra de um destino fatal e nem lhe garante um destino seguro. As dúvidas e certezas fazem parte de ambos: tanto daquele que sofre de transtorno de ansiedade como daquele que não sofre. Enfim, todo ser humano experimentará em seus pensamentos e em suas ações as dúvidas e certezas que foi amealhando durante a trajetória de seu viver".

A Terapia Cognitiva tem como um de seus alvos colocar em dúvida os tais pensamentos catastróficos. O convite a rever e repensar a própria vida, o futuro e o mundo, de forma dinâmica, realista e promissora, apesar de circunstâncias e situações verdadeiramente difíceis, pois não se deve negar a complexidade do mundo, e, também, não se deve negar a capacidade humana de superação.

Creio que grupos terapêuticos monitorados por profissionais bem treinados tanto em Terapias Cognitivas como em outras técnicas se farão necessários.

Aqui, ao falarmos de sobreviventes de sofrimentos e dores, de transtornos de estresse pós-traumático, convém trazer à luz alguns pensamentos que nos promoverão boas maneiras para repensarmos sobre nós, seres humanos fortes e frágeis, buscadores de sucesso e sentido de vida. Por isso, devemos escarafunchar nossas individuais potencialidades para encontrarmos os recursos mais saudáveis a nossa melhor compreensão e superação.

Saber sofrer e aprender que o sofrimento é inevitável. Não confundir aqui "saber sofrer" com "querer sofrer", pois este último se chama pessimismo.

Precisaremos, nesse momento, compreender principalmente este ser que padece, com olhos de realidade e jamais com os olhos pessimistas (pensamentos automáticos negativos ou catastróficos). Convém atermo-nos um pouco mais na compreensão desse sofrimento que aflige a todos, compreender que o sofrimento poderá acontecer.

Para isso, convido a fazermos algumas reflexões propostas pelo conhecido criador da logoterapia, o psiquiatra vienense Viktor E. Frankl, que nos conduz a repensar! Ele cita com frequência que o *Homo sapiens* pode ser visto também como um ser que padece: o *Homo patiens*.

Convém atermo-nos um pouco mais na compreensão deste sofrimento que aflige a todos e compreendermos este ser que padece, com o olhar humanista de Viktor Frankl:

> O homem é geralmente considerado como *homo sapiens*, o homem inteligente que possui os conhecimentos necessários, que sabe como obter sucesso. [...] O *homo sapiens* move-se entre o extremo positivo do sucesso e seu contrário negativo do fracasso. É bem diferente aquele que chamo *homo patiens*, o homem que sofre, que sabe como sofrer, como transformar seus sofrimentos em uma conquista humana. [...] Ele move-se sobre um eixo que se estende entre os dois polos da realização e do desespero. Entendemos como realização, a realização de si através de um sentido e como desespero, o desespero devido à falta aparente

de sentido para a própria vida. (FRANKL, Viktor E. *Um Sentido para a Vida, Psicoterapia e Humanismo*. 25. reimpressão. São Paulo: Ideias & Letras, 2019, p. 44)

Transcrevo outro texto de Viktor Emil Frankl, dentre tantos que poderíamos citar. Aliás, creio que toda sua obra e biografia tornam-se cada vez mais pertinentes e atuais. Arrisco-me a dizer que, para atingir um pouco mais de compreensão da humanidade, deveríamos ler seus escritos e suas vivências:

> Se o homem é, fundamentalmente, um ser em busca de sentido, e nesta busca tornar-se produtivo, então alcança também a felicidade – é o sentido, pois, tal como se evidencia, que lhe dá o motivo para 'ser-feliz'! Mas atenção: manter sempre o sentido não só faz feliz o homem mas o torna também apto a suportar o sofrimento, e convencer-vos-ei disso quando escutardes os que um dia estiveram detidos nos campos de concentração e de prisioneiros de guerra entre Auschwitz e Stalingrado: *ceteris paribus*, as chances de sobrevivência dependiam da orientação voltada para um sentido, de que haveria na consciência do preso algo ou alguém lá fora, e no futuro, à espera do dia da sua liberdade. (FRANKL, Viktor E. *O Sofrimento Humano: Fundamentos Antropológicos da Psicoterapia*. São Paulo: É Realizações, 2019, p. 87)

E, mesmo sendo assunto diferente da Terapia Cognitiva, aqui, neste livro, que se propôs a rever pensamentos automáticos negativos e seus "nós"; poderemos afirmar com convicção que Frankl, com a criação da Logoterapia, nos auxilia, oferecendo-nos uma maneira profunda e elevada para repensarmos: Frankl ensina que nem a dor, nem a culpa, nem a morte impede o ser humano de ser melhor do que é.

1º a dor; 2º a culpa; 3º a morte. "Como é possível dizer sim à vida apesar de tudo isto? [...] 1. transformar o sofrimento numa conquista e numa realização humana; 2. extrair da culpa a oportunidade de mudar a si mesmo para melhor; 3. fazer da transitoriedade da vida um incentivo para realizar ações responsáveis." (FRANKL, Viktor E. Em Busca de Sentido. São Leopoldo/São Paulo: Sinodal/Vozes, 1999, p. 119)

Viktor E. Frankl e o nosso pracinha citado acima são sobreviventes da Segunda Guerra Mundial. São nossos heróis e nossos exemplos. Conseguiram realizações responsáveis. Conseguiram transformações exemplares.

Entendo ainda que meu avô e o taxista, também citados acima, são heróis por suportarem o peso dos anos que se seguiram, nos apontando a responsabilidade de repensar: que nó é este? Para que serve? A quem pertence tal nó?

Isto nos remete a percebermos que são guerras intermináveis que se alojam dentro do ser humano, fazendo deste ser um eterno prisioneiro ou um mártir, ou ainda um herói, muitas e muitas vezes um herói anônimo.

Apesar do sofrimento atual, resta-nos dizer sim à vida e persistirmos!

Com a pandemia instalada e o distanciamento social decretado, e, portanto, sem podermos contar com os encontros do grupo de crescimento, mantivemos contatos de forma virtual, o que nem de longe se compara ao bom e caloroso encontro que fazíamos.

Após os trinta primeiros dias, tivemos a ideia de fazermos três perguntas aos participantes do grupo para reflexões, avaliações e autoavaliações.

Pareceu-nos pertinente, e foi:

1. Como você está neste momento de sua vida?
2. O que você tem feito eficazmente para melhorar?
3. O que a Terapia Cognitiva e o grupo de crescimento trouxeram, que você usa e funciona?

As respostas foram objetivas, práticas e, de fato, eficazes. Pareceram bússolas e mapas nessas travessias tão inesperadas, para nos conduzir melhor.

Para a primeira pergunta, obtivemos respostas que seguiam certas similaridades entre elas: "estou mais reflexiva", "estou preocupada", "às vezes, sinto medo", "preocupação com a situação da economia e saúde", "com tristeza, insônia, ansiosa", "estou com medo de ter crises", "vulnerabilidade com estes momentos de incertezas", "medo, pois sou do grupo de risco".

Isso nos pareceu bastante pertinente, pois foram realistas, cada qual ao seu modo, mas continuaram: "contudo, sou cuidadosa, tenho coragem, fé, equilíbrio emocional e bom humor", "procuro não entrar em discussões vazias e sempre ajudar o próximo", "estou encarando esse momento de recolhimento, como se fossem férias, que estava querendo tirar há um tempão", "porém, procurando viver cada dia da melhor maneira possível", "por vezes, até com bom humor", "estou confiante que vai passar logo", "estou feliz comigo, pois estou lidando bem com tudo isso", "mas, com muita fé e orações, acreditando que se Deus quiser, logo esse pesadelo vai passar".

Embora sejam fragmentos de respostas de várias pessoas, pareceu-me ser uma resposta única, o que confirma a coesão do grupo.

Para a segunda pergunta, pôde-se perceber que, em geral, a boa ansiedade nos fortalece e nos move a realizar tarefas: "cuido da casa! Somos uma equipe de três, eu , meu marido e filho", "aprendo novas receitas culinárias, cuido das plantas, costuro e já fiz pequenos concertos e até máscaras caseiras de proteção", "faço aulas de pilates, *on-line*", "tenho procurado fazer coisa que gosto e não tinha tempo antes", "arrumei armários, cozinhei, lavei bastante louça", "li livros que não tinha lido", "não tenho pensado muito em mim, pois minha filhinha demanda muito da minha atenção, mas isso ajuda a não ficar pensando muito nas minhas preocupações", "procuro ver filmes, ler um livro, cozinhar", "lendo, escrevendo, meditando", "vejo os vídeos da psicóloga", "faço curso *on-line*", "arrumo a casa, ouço músicas, leio e releio", "ouço músicas, leio, adoro montar quebra-cabeças, estou montando um de cinco mil peças", "tenho feito meditações, leio reportagens saudáveis, programas gostosos e engraçados ou filmes leves", "faço alongamento, bicicleta ergométrica e caminho no quintal", "sempre me arrumo como se fosse sair, para não perder o costume".

Para a terceira pergunta, foi visível o crescimento do grupo, pois ver e rever a evolução das pessoas, sobretudo quando se tratam de vencedores nessa lida contra transtornos ansiosos: "quando observo meus pensamentos, 'o mundo está em perigo', 'pessoas morrendo', é fato, mas os pensamentos automáticos catastróficos disfuncionais fazem com que a gente não avalie que a maioria está viva, mesmo testando positivamente para o corona vírus. Assim, logo identifico recursos que tenho para conseguir realizar a tarefa do dia e não fico 'vivendo o futuro', compreendo que preciso ter responsabilidade de ficar em casa e contribuir com o objetivo de restabelecer uma saúde universal", "evito perguntar 'E se?'", "quando o medo vem e começa aquela angústia com preocupações com meus filhos, procuro mudar o foco e repensar em coisas boas que já passei. Penso, 'esse medo é real, mas tem muita gente se curando'", "a TCC e o grupo de crescimento foram importantes no tratamento do transtorno da ansiedade, tão ou mais importantes do que a medicação. Aprendi a relaxar um pouco, usar técnicas para respirar melhor", "seremos melhores, mais amadurecidos, menos egoístas, mais espiritualizados", "a Terapia Cognitiva foi um 'divisor de águas' para mim, pois estou mais flexível, mais paciente, mais observadora de meus pensamentos e comportamentos, mais otimista, mais determinada, mais comunicativa, mais segura de mim", "a primeira coisa que aprendi foi a respirar corretamente, para manter a calma diante de pensamentos catastróficos".

Enfim, por se tratar de um grupo já em boa evolução, como citado anteriormente, pôde-se ver o quanto estão repensando de forma realista e coerente.

O que sentimos, o que fazemos e o que pensamos se mesclam e nos conduzem a comportamentos bons, nos provocam emoções saudáveis e produtivas. E, o que antes eram técnicas e instrumentos da terapia cognitiva, passam a se tornar um estilo de vida, uma filosofia de vida, uma forma saudável de se viver, com conteúdo e sentido.

Assim, percebemos que cada qual é capaz de suportar e superar o sofrimento de um mundo complexo, buscando dentro de si o repensar próprio da realidade.

Gosto muito de repensar que *Um mais Um igual a Nós*, com iniciais maiúsculas. E se cada um de Nós, com sua singularidade, com seu enfrentamento, sua coragem, perseverança e assertividade, sem perder a flexibilidade, conseguir a coesão com um outro ser assim, semelhante e consciente, poderemos ainda mais desatar nós de angústias, medos infundados e ansiedades anormais.

Introdução

"Antes de voar, amarre bem o seu camelo."
Provérbio Árabe

Você é este ser ansioso e desejoso de ser quem você é?
Espero que assim seja.
Você é este ser indivisível e múltiplo, estranho e familiar, fechado e aberto ao mesmo tempo. Mantém sua multiplicidade, porém será sempre singular. Você é um ser que pensa, sente e age, numa variedade própria de seus traços, suas vivências e capacidades. E mesmo essas capacidades são mutáveis no tempo e em cada ocasião.
Você pensa e sabe que pensa, por isso mesmo vive centrado em seu próprio universo, com uma força centrípeta sempre o levando de volta a si mesmo, ao centro de seu mundo. Você é a porta que se fecha ou se abre às reivindicações da vida. Como diz o aforismo grego: "Conhece-te a ti mesmo". Mas muitas vezes você sabe que não se conhece e algumas vezes não se reconhece, não é mesmo?

O que você pensa de si mesmo?
Pensar cansa? Não pensar o descansa ou o cansa ainda mais?
Muitas vezes você deixa suas decisões para os outros?

Você também sabe que o outro ser humano é uma janela que se abre para o mundo. Uma janela diferente, mas também misteriosa. O outro parece ser um estranho, muito estranho, mas com o qual há um desejo de se familiarizar. É uma força centrífuga, que o atira para o mundo. Não é assim de fato? O outro é o segundo mistério a ser desvendado. Você é o primeiro. Mas se você compreender que jamais chegará a esgotar-se em sua busca, como conseguirá tempo para desvendar o outro? E de que adiantaria saber do outro, sem antes saber de si mesmo?

Quem você é "hoje" e quem você pretende ser "amanhã"? Sim, você sabe que vive nesses limites, bem diferente dos animais. Você sabe dessa ambiguidade humana? Será que o outro também é ambíguo? Parece que sim. Contudo, numa espécie de reflexo de um espelho, você vê no outro comportamentos com os quais poderá aprender. E isso poderá ser feito tanto com os erros quanto com os acertos. Caberá a você escolher um dos caminhos, com seu livre-arbítrio que lhe é peculiar. Você, e somente você, sabe o tamanho de sua empatia, de sua capacidade de colocar-se no lugar do outro. Mas se você estiver emperrado com expectativas exageradas ou intolerância inapropriada, perderá a oportunidade de cumprir a principal missão que almeja. Qual é a missão que você busca? Será a missão de "ser quem você é"? Assim você estará de volta ao começo, não é mesmo?

Vamos parar de falar somente de você. Vamos falar de nós. Nós: estes estranhos singulares e estes singulares estranhos. E vamos falar dos outros, estes seres tão diferentes e iguais a nós, nossos espelhos.

> Quais são seus piores medos?
> Medo da morte, da solidão ou da loucura?
> Medo de ser desamparado, desamado, desvalorizado?

Quando nos deparamos com alguém que sofre exageradamente com o medo de morrer, será que poderíamos questionar e antever a possibilidade de que existiu, em sua infância, algum acontecimento de separação tão forte que enraizou nele o medo de morrer? Ou o medo do abandono, levando-o a sentir-se um eterno solitário, com um "destino" marcado para a solidão? Ou ainda, acontecimentos repetidos, que deixaram cicatrizes de um amor-próprio ferido, "num sentimento sem fim" de não poder ser merecedor de qualquer valor?

Seriam esses "acontecimentos" alguns dos dados relevantes que a Terapia Cognitiva nos aponta como crenças básicas que produzem alguns "transtornos" psíquicos? Seriam esses "acontecimentos" capazes de produzir pensamentos automáticos negativos e retroalimentadores do medo? Seriam esses "acontecimentos" provas de um destino já determinado e fatalista? Um destino "já pensado"? Ou, apesar dos "acontecimentos" negativos do mundo, dos eventos existenciais marcados, de um passado ferido, de um presente assustador e um futuro temeroso, nós poderíamos, mesmo com nossa fragilidade comprovada, encontrar flexibilidade para a mudança?

Nesse caso, o convite é o de repensar. Este tem sido o convite da Terapia Cognitiva desde os seus primórdios até hoje, com exímios, incontáveis e dedicados terapeutas e professores que fazem dela um instrumento atual e promissor.

Assim sendo, poderemos pensar um pouco mais a respeito da ansiedade e dos transtornos ansiosos e, ainda mais, sugerir leituras, terapias e tarefas que sejam de fato benéficas para quem tem o prejuízo existencial de sofrer certos transtornos.

1. Ansiedade: diferenciação entre ansiedade normal e ansiedade patológica

"A diferença do veneno e do remédio está na dose."
Provérbio popular

É comum no dia a dia profissional, durante os atendimentos a transtornos de pânico, transtornos fóbicos ou transtornos de ansiedade generalizada, ouvir dos pacientes perguntas sobre seus sintomas, por exemplo, se aqueles sintomas de palpitações, sudorese, medos infundados, taquicardia e formigamentos seriam sintomas normais ou comuns.

Claro que aqui já se faz necessária a diferenciação entre o que é comum e o que é normal. Se a pergunta é se tal quadro é normal ou não, digo que não, não é normal, é anormal! Inclusive é a razão que o traz ao consultório.

Se a pergunta é se tal quadro é comum ou não, esclareço que sim, que é comum sofrer tais transtornos no mundo de hoje, algo comprovado pelas vastas estatísticas que demonstram um aumento nos transtornos ansiosos. Inclusive é por essa razão também que o paciente está em busca de ajuda.

Nesses encontros iniciais, ambos, terapeuta e paciente, admitem que há de se diferenciar o normal, saudável e aceitável daquilo que, apesar de corriqueiro, é anormal, visto ser patológico e prejudicial para uma vida com qualidade para qualquer ser humano.

Um grande equívoco é considerar que a ansiedade seja o mal do século. Como diz um ditado popular: "a diferença do remédio e do veneno está na dose". O medo, por exemplo, é um grande aliado quando se trata apenas de cautela. Até mesmo o medo como um desejo de fuga pode ser um aliado, se esta fuga for necessária. O mesmo ocorre com a ansiedade, que é parte da condição humana. Ela só será considerada como patológica e anormal se manifestar-se de forma exagerada ou mesmo escondida e esquivada.

No século XIX, o filósofo Søren Kierkegaard já afirmava que a angústia é característica do ser humano.[1]

Estamos sempre diante do desejo de sermos melhores do que somos, e isso é uma condição humana saudável, que nos provoca ansiedade, angústia e medo, mas que também nos impulsiona na busca do que almejamos ou na fuga do que rejeitamos. Desde o amanhecer até o anoitecer da vida, ficamos diante de escolhas a serem feitas, e disso depende a engrenagem do nosso livre-arbítrio, que não pode ser transferido para outra pessoa e muito menos para outro tempo. Nosso passado foi feito de decisões que permanecem ativas no atual instante, no momento em que se vive. Com certo medo, antecipamos os riscos e nos angustiamos com a possibilidade dos erros, mas sempre ansiamos esse devir, essa busca pela melhora.

A ansiedade está vinculada a várias fases da vida, desde a mais tenra idade até a senilidade, passando pela juventude e a vida adulta, estando profundamente arraigada nesta trajetória que chamamos de "destino", mas que é construída pela variedade de nossas escolhas, por nosso livre-arbítrio.

Instintivamente, as mães brincam com os bebês de esconder os rostos e reaparecer novamente para que eles se acostumem com o reaparecimento da pessoa amada. Não é preciso ser um grande observador para perceber que as crianças ficam ansiosas até rever o rosto da mamãe e sorrir abertamente. Assim, vão aprendendo que a mãe voltará logo. De forma natural, as mães tendem a dilatar o tempo da volta para que haja confiança e autoconfiança na proteção que se segue. Sendo condição normal, este panorama se refere às genitoras normais em seus instintos maternos.

Na quinta edição do *Manual Diagnóstico e Estatístico de Transtornos Mentais*, o DSM-5, já se observa que o transtorno de ansiedade de separação é o primeiro a ser citado no capítulo sobre transtornos de ansiedade. É o primeiro a ser explicado ali, e não poderia ser diferente, pois ele pode surgir quando a pessoa ainda é um bebê, fase das necessidades mais básicas do ser humano.

O amparo e o amor são necessários e fundamentais para o bom desenvolvimento da personalidade humana. Tudo leva a crer que a ansiedade vai nos moldando, nos lapidando diante do amor-próprio, da autoestima e do amor ao próximo. Ansiar é ambicionar, aspirar, desejar, querer. Ainda que a aflição seja também sinônimo de ansiedade, é necessário fazer a distinção das águas mais claras para as mais turvas, neste anseio verdadeiro que nos ajuda a distinguir o que é normal do anormal. Portanto, atenhamo-nos ao que é normal e verdadeiro no ser humano.

Deixaremos para frente as "águas turvas" dos transtornos, o que é também humano, para não perdermos de vista, na essência humana, ou, se preferirem, na existência humana, a condição *sine qua non* da presença da ansiedade normal. Até aqui, portanto, façamos a reflexão de que não há anormalidade na ansiedade. Ela é natural do ser humano, e só quando torna-se patológica é que passa a ser considerada Transtorno de Ansiedade.

Sim, há transtorno de ansiedade, e isso é comum. Infelizmente, podemos até dizer que é muito comum, porém não é normal. Normal será sempre ansiarmos por melhores dias, melhores trabalhos. Este anseio de ser melhor do que já somos é com certeza uma das molas propulsoras benéficas de nosso desenvolvimento pessoal. Não se trata de ganância, mas ambição; claro, a ambição saudável que nos move com eficácia em busca de um propósito. Os terapeutas, hoje em dia, orientam seus pacientes, para que cada um aprenda a se "empoderar", e isso é o mesmo que devolver a eles o que já lhes pertence.

Comparemos o poder que o ser humano busca com excesso ou escassez.

O "poder" usado de forma errônea será maléfico, danoso, assim como será negativa a ansiedade exagerada por ser mais ou querer mais do que se tem. Por outro lado, quando, na exaustão da procura, a pessoa desiste, se esconde, se esquiva e deixa a vida passar, ela também se prejudica. Ou seja, a busca é necessária desde o primeiro sopro de vida até o último suspiro, o problema está no seu exagero ou na sua frouxidão.

Observemos uma parturiente antes de dar à luz e veremos resplandecer em sua face ares maternais. Por trás deles, no entanto, há a ansiedade gerada pela responsabilidade de ser mãe, visto que são muitos os mistérios a serem desvendados nessa condição. Sabe-se que não há fase em que a vida mais clama por amparo do que os instantes logo após o nascimento, e, para cuidar da criança e também de si mesmas, as gestantes necessitam do apoio de outras pessoas, geralmente, figuras "maternais", mães, irmãs, amigas, e, não raro, também de pais, irmãos, companheiros, amigos e cuidadores, uma assistência saudável e vital.

O recém-nascido reivindicará sua proteção, mesmo que instintivamente, e isso é benéfico. Ele clamará por conforto, alimento e proteção. É o momento de aprender a confiar, para mais tarde encontrar a própria iniciativa.

A criança, em seu saudável enfrentamento como aprendiz de tudo que a vida oferece para conhecer e reconhecer, buscará desvendar o mundo como o pequeno cientista que é, mas certamente almejará, em primeiro lugar, o afeto e a aprovação da mãe, estabelecendo a díade necessária inicial, que se expandirá com o amor, amparo e valorização de ambos os pais, até concluir a tríade de seu desenvolvimento. São anseios próprios de cada fase, e certamente tais anseios encontrarão caminhos diversos; para alguns serão caminhos fáceis, assistidos de amor e proteção; para outros, poderão ser caminhos penosos, com desamor e até mesmo desamparo, que, mesmo superados, dormitarão nos recônditos inconscientes ou pré-conscientes de sua existência.

Ser preparado em um bom lar é importante para, mais adiante, no transcurso da vida, se lançar ao mundo. Mundo este que atualmente abre-se muito cedo em janelas virtuais, de forma iniciática duvidosa, nesta moratória dos tempos atuais tão fluidos, levando a uma adolescência inicial muito precoce e ao prolongamento da adolescência tardia.

Mas os jovens serão como sempre foram: jovens. Certamente, a juventude é o período de maiores desejos, em que o destino se apresenta como uma vereda aberta, escancaradamente, pela frente. Diante de tais desafios, o jovem busca coragem em valores de aprendizados frágeis oferecidos pelo mundo, mas este não tem respostas para tudo.

O jovem se preocupará com a autoestima, procurará seu lugar em um mundo competitivo, e para isso buscará sua identidade, o que, como sabemos, será feito com a luta por autonomia, realizada entre tentativas e erros. Assim tem sido ao longo da história da humanidade.

O adulto, no início dessa fase, preocupado com a sua carreira profissional e o seu futuro, poderá se tornar mais ou menos ansioso. O adulto mais maduro, preocupado com sua família, com a segurança dos filhos, terá, neste campo, que administrar a ansiedade.

O ser humano mais idoso se preocupará com seu passado, com sua história, estará às voltas com os pensamentos de vida e morte. E, nessa angústia de quem vive, buscará compreender o significado da existência, o sentido de tudo. Essas reflexões pertencem à condição normal da vida.

O filósofo Paul Tillich nos alerta para os três tipos de ansiedade inerentes à natureza do homem, em resumo: a ansiedade da morte, a ansiedade da vacuidade e a ansiedade da condenação; e diz: "Em todas as três formas a ansiedade é existencial, no sentido de que pertence à existência como tal, não é um estado anormal da mente como na ansiedade neurótica".[2]

A ansiedade não é propriedade da psiquiatria, psicologia, filosofia ou de qualquer outra área ou ciência, mas antes uma característica do ser humano normal.

Citando novamente Tillich (1992, p. 28), vemos como a ansiedade se diferencia do medo:

> "Ansiedade e medo têm a mesma raiz ontológica, mas não são o mesmo na realidade."
> "O medo tem objeto definido, que pode ser enfrentado, atacado, tolerado."

"A ansiedade não tem objeto (...), seu objeto é a negação de todo objeto."
"O desamparo no estado de ansiedade pode ser observado da mesma forma em animais e humanos."

Enfim, precisamos encontrar a direção que nos conduzirá à aventura de viver, e isso gerará medo e ansiedade. Se a ansiedade é natural, o medo também será.

O medo é bom, ruim ou péssimo? O medo é bom quando é cautela diante das ameaças reais. É ruim quando ele permanece gerando um enfrentamento extremamente desagradável diante de uma ameaça irreal e injustificável. É péssimo quando é duradouro e gera uma esquiva intensa diante de uma ameaça também irreal, mantendo a pessoa apenas na fuga de algo imaginário e estagnando a sua vida, ou seja, quando transforma-se em fobia.

O medo por vezes parece ser o "pai" da ansiedade, outras vezes parece ser o "filho", mas no fim das contas percebemos que são irmãos.

Como já enfatizamos, a ansiedade é uma característica normal e biológica, que aparece em momentos em que há perigo ou ameaça, gerando manifestações físicas geralmente desagradáveis, que estão interligadas às respostas fisiológicas como a luta ou a fuga, necessárias quando o ser humano precisa se proteger.

A ansiedade está ligada aos pensamentos e às incertezas sobre o que está por vir. Por isso, a pessoa com ansiedade, normalmente, poderá apresentar aquelas já mencionadas sensações de palpitação, suor, mãos úmidas, boca seca, tremores, tensão muscular, dificuldades para relaxar, entre outras. São sintomas físicos comumente desagradáveis, mas que, dependendo da circunstância, podem ser um alerta para que o indivíduo se proteja, garantindo a sua segurança.

Em outras situações, a ansiedade pode ser experienciada como uma sensação agradável. É o caso, por exemplo, da espera por uma festa ou um presente prometido, por isso não é raro escutarmos a frase: "Estou ansioso pela chegada de tal evento". Nesse caso, mesmo havendo uma sensação de ansiedade, ela não gera sofrimento. No entanto, dependendo da intensidade, duração ou frequência, a ansiedade deixa de ser normal e esperada e torna-se patológica, acarretando muitos prejuízos e levando a um diagnóstico de Transtorno da Ansiedade.

O medo de sofrer de ansiedade num mundo nitidamente ansiogênico parece ser um ingrediente que gera ainda mais ansiedade, aumentando o risco de transtornos. Então, faz-se necessário um pouco mais de reflexão sobre a normalidade da ansiedade humana, para a busca de uma compreensão diagnóstica diferencial, evitando conclusões e tratamentos precipitados e até mesmo o inverso: a ausência de um pedido de ajuda no tempo certo, prolongando o sofrimento desnecessariamente.

Tolerar um mundo incerto sem se acomodar não é tarefa fácil. O conselheiro, o terapeuta, o amigo, o pastor, seja quem for o responsável pela ajuda, é alguém que se vê obrigado a perceber o dilema daquele que sofre pelo prisma deste e não pelo seu próprio. Isso, no entanto, não quer dizer que o conselheiro negará sua própria visão do que é ansiedade, de modo que se faz necessário ter um embasamento adequado, antes de confirmar que esta ou aquela ansiedade seja patológica ou normal. É preciso cuidado com a pressa e a descartabilidade dos tempos atuais, em que os fundamentos se confundem com superficialidades ou se imbricam em radicalismos fundamentalistas.

Com certo bom senso é possível perceber, por exemplo, jovens em início de vida adulta bastante ansiosos frente à necessidade de tomar decisões profissionais e estudantis, devido à imensa competitividade do mercado e à pressão de pais e professores. Eles chegam até nós esbaforidos, exaustos, temerosos e convencidos de que deverão ser melhores que os outros, mesmo não sabendo exatamente quem são esses outros. Parece que com frequência essa ansiedade patológica se dissipa e se transforma em ansiedade normal, quando se consegue convencer tais jovens de que suas buscas deveriam ser somente pela superação deles mesmos.

É consenso que a existência é uma inquietação do início ao fim. Essa inquietação é natural e motivadora, visto que nos leva a sair da inércia, seja qual for a idade que se tenha, mas principalmente quando se é jovem. Talvez ela seja o *start* do livre-arbítrio de todo ser humano.

A liberdade de escolha é sinônimo de saúde. A pessoa saudável decide melhor sobre sua vida, e a pessoa que melhor compreende a liberdade tende a ser mais saudável.

São tantas definições para dizer o que é saúde que frequentemente fica-se confuso sobre qual é mais correta: a saúde ideal ou a estatística mais atual? A ausência de doença e de dor ou a superação do sofrimento?

As definições dependem de tantas variáveis – bem-estar, estatísticas, funções do organismo, idade atual do paciente, etc. – que os conceitos ficam bastante subjetivos. A Organização Mundial de Saúde (OMS), por exemplo, definiu a saúde como completo bem-estar físico, mental e social. Embora esse seja um bom conceito, poucas pessoas se considerariam "saudáveis", pois poderão estar bem física e mentalmente, mas não socialmente. No período do luto, por exemplo, a tristeza e o sofrimento são normais e manifestam-se mesmo nas pessoas saudáveis.

Agora, vejamos como o diagnóstico se faz necessário antes de um tratamento. Um bom caminho para iniciar ou não um tratamento, ou buscar a aceitação de determinado momento, é diferenciar o que é transtorno e patologia daquilo que é esperado e normal para a realidade de cada um.

NOTAS

1. A angústia que está posta na inocência, primeiro, não é uma culpa e, segundo, não é um fardo pesado, um sofrimento que não se possa harmonizar com a felicidade da inocência. Observando-se as crianças, encontra-se nelas a angústia de um modo mais determinado, como uma busca do aventuroso, do monstruoso, do enigmático.
KIERKEGAARD, Søren. *O Conceito de Angústia*. Trad. Álvaro Luiz Montenegro Valls. Petrópolis: Vozes, 2017, p. 48.

2. (...) a ansiedade não tem objeto, ou melhor, numa frase paradoxal, seu objeto é a negação de todo objeto (...). O medo, quando comparado à ansiedade, tem objeto definido (segundo opinião da maioria dos autores), que pode ser enfrentado, analisado, atacado, tolerado. Pode-se agir sobre ele e, agindo sobre ele, participar dele, mesmo se na forma de combate. Neste sentido, pode-se torná-lo autoafirmação. A coragem pode enfrentar cada objeto de medo porque é um objeto, e torna a participação possível.
TILLICH, Paul. *A Coragem de Ser: Baseado nas Conferências Terry Pronunciadas na Yale University*. 5. ed. Trad. Eglê Malheiros. São Paulo: Paz e Terra, 1992, p. 32.

2. Transtorno de Ansiedade

"Aos barcos sem rumo, nem os bons ventos ajudam."
Provérbio português

"Quem não sabe o que procura, quando acha não reconhece", diz o dito popular.

Ansiedade normal ou patológica, nociva ou inofensiva? Esta é a primeira pergunta a ser feita. Se ela é prejudicial, o quão intenso é este prejuízo? Se ele é intenso, o quanto será intrínseco e subjetivo ou extrínseco e observável? Enfim, é preciso observar os prejuízos e diferenciar a "ansiedade" dos "Transtornos de Ansiedade". Isso já é uma psicoeducação preventiva.

Fazendo uma observação mais atenta no trabalho psicoterapêutico, mesmo que apenas empiricamente, observa-se que nos quadros depressivos aparecem certas ruminações de um passado perdido: "Se eu tivesse terminado os estudos"; "Se eu tivesse nascido rico"; "Se ao menos não tivesse perdido", etc.

Nos quadros de transtornos ansiosos, por outro lado, o sofrimento nasce frequentemente relacionado à incerteza do futuro, com apreensão, expectativas ansiosas, pressentimentos pessimistas, gerando certa impaciência, algo comum nesses casos e que cria um círculo vicioso, pois quanto mais desejosa de certezas do que virá, mais angustiada e intolerante a pessoa ficará diante da impossibilidade de adquiri-las.

Nos quadros fóbicos, o que se passa é semelhante, porém mais ligado ao presente, pois observa-se a famigerada pergunta: "E se?". Esse questionamento é feito intrapsiquicamente, num diálogo interno que precisará ser rompido: "E se o elevador quebrar?"; "E se a luz apagar?"; "E se o avião cair?"; "E se me rejeitarem?"; "E se eu gaguejar na hora H?"; "E se eu morrer?".

O Transtorno de Ansiedade tem atingido amplos grupos sociais sem distinção, gerando sofrimento e prejuízos em várias áreas da vida dos indivíduos, tanto a profissional, quanto a familiar e a pessoal. O paciente sofre de preocupações excessivas, por períodos duradouros, com estados ansiosos repetitivos ou persistentes marcados por considerável sofrimento, e pode ser diagnosticado através de critérios bem delimitados pela Classificação Internacional das Doenças (CID) e também pelo *Manual Diagnóstico e Estatístico de Transtornos Mentais* (DSM).

A pessoa se vê apreensiva e com muitos medos sem razões claras, pressentimentos tenebrosos e sem justificativa – como se algo ruim estivesse sempre por acontecer –, esquivas, apatia e fadiga de tanta preocupação.

As palpitações e a sensação de asfixia e falta de ar são extremamente frequentes, além de suor, boca seca, sensações gástricas e intestinais, micção frequente, mal-estar abdominal, ondas de calor ou frio, tremores e tonturas. Também são comuns sensações alteradas em relação ao ambiente ou ao próprio corpo, as quais são denominadas "desordens dissociativas" e caracterizadas por experiências de sentimentos de irrealidade e despersonalização.

Há ainda uma tendência a agir com inquietação, esquiva (evitando situações que poderiam desencadear a ansiedade ou medo), hipersensibilidade a pequenos estímulos, além de sono irregular e fácil irritabilidade. O comportamento inquieto e a esquiva são facilmente observados e relatados. Enfim, são diversos quadros cognitivos, fisiológicos e comportamentais.

Esses são os transtornos, e somente os transtornos com seus prejuízos é que precisam ser combatidos. A ansiedade é boa e necessária. Diferenciar as duas situações não é trabalho fácil, porém é necessário.

A ansiedade e o medo despertam atenção. Assim como o medo existe como forma de proteção, despertando cautela e ajudando em uma possível fuga, a ansiedade nos motiva a seguir na luta da vida. Os prejuízos só ocorrem quando esses sentimentos se manifestam de forma exagerada, levando a lutas e fugas constantes. A ansiedade não é de forma alguma o mal do século, ao contrário, ela é um bem para a humanidade. O problema está no exagero, no excesso, na pressa, no perfeccionismo, que são perigosos e parecem "pragas" socialmente alimentadas em todas as esferas da vida cotidiana, confundindo a todos.

Alguns critérios para Ataque de Pânico podem ser observados logo no início do tratamento, quando o paciente assustado refere-se àquele intenso temor ou desconforto, que se desenvolveu abruptamente, como palpitações ou taquicardia. Alguns exemplos das principais queixas frequentemente mencionadas no primeiro momento da consulta são:

> **Exemplo 1:** "De repente, meu coração disparava"; "de repente, acordei e tive a sensação de que meu coração tinha parado de bater"; "nas crises, corria para

o pronto-socorro para verificar a pressão arterial"; "fiz eletrocardiograma sem alteração, e o médico me encaminhou para o psiquiatra".

Exemplo 2: "Acordo assustada e levanto com mal-estar e com palpitações, ansiedade e sinto muito frio. São dores nas costas e muitas palpitações que me tiram o ânimo. A minha médica me encaminhou para cá".

Já no início, observa-se claramente outros sintomas, tais como sudorese, tremores ou abalos musculares.

Exemplo 3: "Sinto tontura, medo da morte, não durmo direito e acordo suada, assustada, desesperada, e começo a tremer".

Exemplo 4: "Há quatro dias tive sensação de mal súbito à noite e comecei a suar, suar, com um zumbido no ouvido e um tremor incontrolável. Fui ao pronto-socorro, mas nada encontraram de alterado clinicamente".

São frequentes também as sensações de sufocamento, asfixia ou falta de ar; dor ou desconforto torácico; náusea ou desconforto abdominal; sensação de tontura, instabilidade, vertigem ou desmaio; parestesia; calafrios ou ondas de calor.

Exemplo 5: "Sensação ruim no peito, tenho ansiedade, já fiz eletrocardiograma, que deu normal, mas fico com esta sensação de queimação, falta de ar, parece que vou desmaiar, que vou morrer".

Exemplo 6: "Estou muito nervosa, há muito tempo venho apresentando este nervosismo. Tenho gastrite nervosa. Acordo num susto. Toda noite tomo um comprimido de bromazepam, que foi prescrito pelo médico que fez endoscopia e nada encontrou de problema. Meu corpo é travado. Tudo me irrita".

Fica evidente que muitos pacientes com diagnóstico de transtornos ansiosos e transtornos de pânico passaram por um clínico, gastroenterologista, ginecologista, endocrinologista ou, com mais frequência, por um cardiologista. No entanto, os sintomas de parestesia, os tais formigamentos, com calafrios ou ondas de calor, associados às palpitações e apertos no peito, devem ser investigados pelos profissionais certos, favorecendo o caminho para o melhor tratamento psiquiátrico nesses casos.

Menos comuns são as queixas de desrealização e despersonalização, que são sensações de irrealidade e distanciamento de si mesmo, respectivamente. Apesar de não serem tão raras, percebe-se que os pacientes têm certas dificuldades em relatá-las, mas quando fica esclarecido que tais queixas são sintomas do quadro de pânico, o paciente sente-se mais confortável, pois passa a ter melhor compreensão do que lhe ocorre e sente-se mais protegido pela parceria com o médico e o psicoterapeuta.

Outro importante e significativo sintoma é um angustiante medo de morrer, porém este costuma ser declarado sem grandes rodeios, visto que o paciente procura saber sobre seu quadro clínico. O mesmo não acontece com o medo de perder o controle ou enlouquecer, o qual não parece ser tão evidente, mas é justamente esse temor, quando bem esclarecido pelo médico ou psicólogo, que poderá ser um bom aliado na melhor aceitação do paciente do trabalho de psicoterapia.

Apesar dos frágeis limites para evidenciar a diferença entre a ansiedade patológica e a ansiedade normal, o profissional da saúde mental tem no CID e no DSM informações esclarecedoras e bem fundamentadas, o que torna obrigatório o estudo desses documentos para compreender tal patologia. Faz-se necessário observar os critérios de um Transtorno de Ansiedade. No DSM, os transtornos de ansiedade mais comuns são: síndrome do pânico, com ou sem agorafobia,[1] fobias específicas, fobia social, transtorno de estresse pós-traumático e transtorno de ansiedade generalizada.

Sabemos que um ataque de pânico pode ou não estar associado a um quadro de agorafobia. Quando há tal associação, o prejuízo à vida do paciente é certamente maior. O paciente com pânico já sofre muito com esses terríveis medos infundados, e se tais crises forem associadas à agorafobia, o quadro fica um tanto pior.

Pânico e agorafobia são demasiadamente prejudiciais à vida do paciente, causando-lhe danos à vida afetiva, familiar, social e profissional. Quadros agorafóbicos causam inclusive prejuízos econômicos. Observa-se que o paciente fica extremamente constrangido, com um sentimento de culpabilidade inadequado e inoportuno, agravado pela tendência de haver pouca compreensão daqueles que o cercam.

No entanto, sempre se vê alguém dedicado a acompanhar o paciente, e nisso podemos antever certo prejuízo às atividades cotidianas deste acompanhante, que passa a também precisar de compreensão dos demais com relação à situação. A terapia depende sempre do paciente, que tem em si o remédio para a própria cura; dessa forma, é necessário convidá-lo a conhecer e combater tal patologia, deixando-o ciente que, após o diagnóstico, ele deve se tratar.[2]

No âmbito dos transtornos ansiosos, é comum que a necessidade de tratamento passe despercebida pelo próprio paciente que sofre de TAG (Transtorno de Ansiedade Generalizada), que permanece sem buscar ajuda terapêutica por longos períodos. Com um pouco mais de atenção, o paciente poderá perceber os prejuízos causados por tal ansiedade anormal e persistente.

Um exemplo esclarecedor é o caso de uma moça que se apresentou à consulta com queixas de irritabilidade: "Por estresse perco o sono, tenho medo de ficar sozinha, parece que não vou sair desta crise. Parece que nunca encontrarei um companheiro". Relatou finalmente que o estresse se deu após o término de um namoro que já durava um ano e cinco meses, porém admitiu que era preocupada em excesso com o namorado e com o medo de perdê-lo, o que resultou em ansiedade anormal e medos infundados, levando-a, de fato, a "perder" o companheiro. Relatou também não ser a primeira vez que isso acontecia, e que, por essa razão, tais prejuízos precisariam ser corrigidos. Com os sintomas fisiológicos, os medos e as crises ao longo do tempo, pôde-se perceber que sofria de um Transtorno Ansioso.

Outro exemplo é a paciente que se queixava de "angústia, fadiga, tremura". Ela contou que, quinze dias antes, havia tido uma crise de angústia e de fadiga pela primeira vez. No entanto, a filha que a acompanhava acreditava que a angústia já vinha há tempos, com preocupações extremadas em relação aos filhos. Esta senhora revelou-nos que a preocupação naquele momento era pertinente, pois o filho de 30 anos é um policial que se encontrava, então, sob pressão com uma rebelião de prisioneiros no presídio onde trabalhava.

Sentiu pouca melhora no início do tratamento, com dificuldades para adequação farmacoterapêutica. Somente após dois meses começou a apresentar melhoras e disse que, "apesar de medos imaginários", já estava se sentindo mais segura. Ficou evidente a admissão de ter exagerado em alguns medos. Mesmo assim, devido a certos tremores, foi consultar um neurologista, apresentando exames físicos normais e tomografia de crânio sem anormalidade, o que corroborou uma sensação de maior segurança.

No último encontro terapêutico, revelou que sofreu muito quando soube que o filho iria se casar. Cada acontecimento com os filhos gerava inquietude, ansiedade e estresse, acompanhados do medo de que "algo de ruim" pudesse acontecer, como, por exemplo, que um deles pudesse morrer ou sofrer um grave acidente. Considerou isso um grande sofrimento que se repete, num círculo vicioso, aumentando assim as preocupações e vice-versa. Reconheceu que haveria muito para melhorar, mas agora já iniciava essa caminhada terapêutica em busca de maior conscientização.

Ficou e fica evidente que muitas pessoas passam anos a fio sem perceber que sofrem de TAG (Transtorno de Ansiedade Generalizada).[3]

Deve-se diferenciar também os erros e acertos cognitivos. Aqui começa outra diferenciação, que será necessária e esclarecedora para que o paciente possa iniciar as correções de tais erros cognitivos.

Nos casos de Transtornos de Ansiedade, os que sofrem de tal patologia ficam desejosos de que desapareça qualquer tipo de ansiedade, passando a evitar até mesmo os estímulos saudáveis, tornando ainda pior tal sofrimento. Porém, com a terapia, compreenderão melhor os casos em que a ansiedade é esperada, normal e por vezes até benéfica para sua própria proteção.[4]

Isso nos motiva a compreender melhor os aspectos cognitivos do Transtorno de Ansiedade e, com isso, planejar mudanças comportamentais, o que poderá levar a melhores respostas fisiológicas. Saber diferenciar a ansiedade normal da ansiedade patológica é essencial para combater com mais precisão tal transtorno, tão corriqueiro e danoso em nossa sociedade.

Este transtorno tem sido causador de grandes problemas sociais e, embora não passe despercebido pela comunidade, com frequência o que fica de lado são as buscas terapêuticas, por conta, muitas vezes, de receios, falta de condições financeiras, falta de informações ou a presença arraigada de preconceitos, tão comuns em nossa sociedade.[5]

Fica evidente, portanto, que existe uma alta incidência deste transtorno, e muitos pacientes ficam em fila de espera ou se mantêm medicados por longo tempo, sem que a retirada ou diminuição dos medicamentos possa ser reavaliada.

Sabe-se que a maioria da população não tem acesso fácil a tratamentos especializados, e no caso da psiquiatria e da psicoterapia isso não é diferente. Os recursos terapêuticos são parcos e difusos, não havendo tratamento suficiente para o tamanho da procura e nem sequer um padrão que suporte e solucione tal demanda. O uso de medicamentos é com frequência preconizado por médicos generalistas, chegando a ser recomendado a tais profissionais iniciarem o tratamento, devido à grande demanda já citada.[6]

O tratamento para transtorno de ansiedade pode ser realizado com psicofármacos, psicoterapia e/ou com a combinação de ambos. É provável e frequente que o desejo do paciente em querer afastar-se do transtorno de ansiedade seja tão grande que poderá causar-lhe ainda mais transtornos. Compartilhar os protocolos da psicofarmacologia e psicoterapia se faz necessário em tais circunstâncias, porém é necessário, em cada caso, fazer destes primeiros encontros uma parceria com "protocolo particular", levando em conta o perfil de cada paciente, e considerando também que os equívocos e erros cognitivos que o mesmo traz em si demandarão certo tempo para serem transformados.

Afastar-se definitivamente do problema será certamente o que ele mais desejará. Orientaremos inicialmente que haja uma parcela de aceitação: aceitar temporariamente o transtorno que lhe assalta e aceitar o tratamento que virá. Dessa forma poderemos apontar-lhe caminhos terapêuticos, com as orientações necessárias.

Quanto às psicoterapias, a TCC é uma das intervenções psicoterapêuticas que apresentam os resultados mais consistentes para os transtornos ansiosos.[7]

Notas

1. Critérios para Ataque de Pânico: ataques de pânico recorrentes e inesperados. Um ataque de pânico é um surto abrupto de medo intenso ou desconforto intenso que alcança um pico em minutos e durante o qual ocorrem quatro (ou mais) dos seguintes sintomas:

    - Palpitações ou taquicardia
    - Sudorese
    - Tremores ou abalos musculares
    - Sensações de sufocação ou falta de ar
    - Sensações de asfixia
    - Dor ou desconforto torácico
    - Náusea ou desconforto abdominal
    - Sensação de tontura, instabilidade, vertigem ou desmaio
    - Calafrios ou ondas de calor
    - Parestesias (anestesia ou sensações de formigamento)

- Desrealização (sensações de irrealidade) ou despersonalização (distanciamento de si mesmo)
- Medo de perder o controle ou enlouquecer
- Medo de morrer

AMERICAN PSYCHIATRIC ASSOCIATION. *Manual Diagnóstico e Estatístico de Transtornos Mentais: DSM-5*. Trad. Maria Inês Corrêa Nascimento *et al*. Rev. tec. Aristides Volpato Cordioli *et al*. 5. ed. Porto Alegre: Artmed, 2014, p. 208.

2. Os critérios para um quadro de agorafobia são bem explicados no DSM-5:

   A. Medo ou Ansiedade marcantes acerca de duas (ou mais) das cinco situações seguintes: 1. Uso de transporte público (p. ex.: automóveis, ônibus, trens, aviões). 2. Permanecer em espaços abertos (p. ex.: áreas de estacionamentos, mercados, pontes). 3. Permanecer em locais fechados (p. ex.: lojas, teatros, cinemas). 4. Permanecer ou ficar no meio de uma multidão. 5. Sair de casa sozinho.

   B. O indivíduo tem medo ou evita essas situações devido a pensamentos de que pode ser difícil escapar ou de que o auxílio pode não estar disponível no caso de desenvolver sintomas do tipo pânico ou outros sintomas incapacitantes ou constrangedores (p. ex.: medo de cair nos idosos; medo de incontinência).

   C. As situações agorafóbicas quase sempre provocam medo ou ansiedade.

D. As situações agorafóbicas são ativamente evitadas, requerem a presença de uma companhia ou são suportadas com intenso medo ou ansiedade.

E. O medo ou ansiedade é desproporcional ao perigo real apresentado pelas situações agorafóbicas e ao contexto sociocultural.

F. O medo, ansiedade ou esquiva são persistentes, geralmente durando mais de seis meses.

G. O medo, ansiedade ou esquiva causam sofrimento clinicamente significativo ou prejuízo no funcionamento social, profissional ou em outras áreas importantes da vida do indivíduo.

H. Se outra condição médica (p. ex.: doença inflamatória intestinal, doença de Parkinson) está presente, o medo, ansiedade ou esquiva é claramente excessivo.

I. O medo, ansiedade ou esquiva não é mais bem explicado pelos sintomas de outro transtorno mental, por exemplo, os sintomas não estão restritos a fobia específica, tipo situacional; não envolvem apenas situações sociais (como no transtorno de ansiedade social); e não estão relacionados exclusivamente a obsessões (como no transtorno obsessivo-compulsivo), percepção de defeitos ou falhas da aparência física (como o transtorno dismórfico corporal) ou medo de separação (como no transtorno de separação).

AMERICAN PSYCHIATRIC ASSOCIATION. *Manual Diagnóstico e Estatístico de Transtornos Mentais: DSM-5*. Trad. Maria Inês Corrêa Nascimento *et al*. Rev. tec. Aristides Volpato Cordioli *et al*. 5. ed. Porto Alegre: Artmed, 2014, p. 208.

3. Critérios para Transtornos de Ansiedade Generalizada:

A. Ansiedade e preocupação excessivas (expectativa apreensiva), ocorrendo na maioria dos dias por pelo menos seis meses, com diversos eventos ou atividades (tais como desempenho escolar ou profissional).

B. O indivíduo considera difícil controlar a preocupação.

C. A ansiedade e a preocupação estão associadas com três (ou mais) dos seguintes seis sintomas (com pelo menos alguns deles presentes na maioria dos dias nos últimos seis meses). **Nota:** Apenas um item é exigido para crianças.

- 1. Inquietação ou sensação de estar com os nervos à flor da pele.
- 2. Fatigabilidade.
- 3. Dificuldade em se concentrar ou sensações de "branco" na mente.
- 4. Irritabilidade.
- 5. Tensão muscular.
- 6. Perturbação do sono (dificuldade em conciliar ou manter o sono, ou sono insatisfatório).

D. A ansiedade, a preocupação ou sintomas físicos causam um sofrimento clinicamente significativo ou prejuízo no funcionamento social, profissional ou em outras áreas importantes da vida do indivíduo.

E. A perturbação não se deve aos efeitos fisiológicos de uma substância (p. ex.: abuso de droga, medicamento) ou a outra condição médica (p. ex.: hipertireoidismo).

F. A perturbação não é mais bem explicada por outro transtorno mental (p. ex.: a ansiedade ou preocupação quanto a ter ataques de pânicos no transtorno de pânico, avaliação negativa no transtorno de ansiedade social [fobia social], contaminação ou outras obsessões no transtorno obsessivo-compulsivo, separação das figuras de apego no transtorno de ansiedade de separação, lembranças de eventos traumáticos no transtorno de estresse pós--traumático, ganho de peso na anorexia nervosa, queixas físicas no transtorno de sintoma somático, percepção de problemas na aparência no transtorno dismórfico corporal, ter uma doença séria no transtorno de ansiedade de doença ou o conteúdo de crenças delirantes na esquizofrenia ou transtorno delirante).

AMERICAN PSYCHIATRIC ASSOCIATION. *Manual Diagnóstico e Estatístico de Transtornos Mentais: DSM-5*. Trad. Maria Inês Corrêa Nascimento *et al*. Rev. tec. Aristides Volpato Cordioli *et al*. 5. ed. Porto Alegre: Artmed, 2014, p. 222-223.

4. Identificação de ansiedade anormal:

O primeiro passo é caracterizar o quadro ansioso. Três são os aspectos a serem observados: cognitivo, fisiológico e comportamental. Em relação ao cognitivo, o indivíduo apresenta-se apreensivo, com medos indefinidos, sente que algo ruim vai acontecer (por exemplo, morrer, ficar louco, perder o controle, passar vergonha por cometer um erro ou se comportar de maneira desajeitada) (...).

Sintomas Autonômicos: taquicardia, hiperpneia, sensação de falta de ar, sudorese, boca seca, náusea, diarreia, micção frequente, dificuldade para engolir, mal--estar abdominal, arrepios de frio, ondas de calor ou frio.

Hiperventilação: parestesia, tontura, vertigem, dor ou pressão no peito, desrealização, despersonalização.

Tensão muscular: sensação de tensão, dificuldade para relaxar, tremores, dores diversas e inespecíficas.

Comportamento: inquietação (mexe com as mãos, pernas, perscruta o ambiente, anda de um lado para o outro), esquiva (evita situações que desencadeiam a ansiedade ou medo), reage assustado a pequenos estímulos, insônia e irritação.

GENTIL, Valentim; LOTUFO-NETO, Francisco; BERNIK, Márcio (orgs.). *Pânico, Fobias e Obsessões: A Experiência do Projeto Amban*. 3. rev. São Paulo: Universidade de São Paulo, 1997, p. 45-46.

5. Os transtornos ansiosos são os mais frequentes transtornos emocionais na comunidade e nos sistemas primários de saúde (...); [...] eles representam um alto custo médico-social, que deveria levar à atribuição de maiores recursos para a pesquisa e o atendimento nessa área.

GENTIL, Valentim; LOTUFO-NETO, Francisco; BERNIK, Márcio (orgs.). *Pânico, Fobias e Obsessões: A Experiência do Projeto Amban*. 3. rev. São Paulo: Universidade de São Paulo, 1997, p. 65.

6. Sob a perspectiva da saúde pública, algumas diretrizes preconizam que ao menos duas tentativas com tratamento de primeira linha podem ser tentadas por um médico generalista no posto de saúde, antes do encaminhamento para um psiquiatra especializado.

CORDIOLI, Aristides V. *et al. Psicofármacos: Consultas Rápidas*. 3. ed. Porto Alegre: Artmed, 2005, p. 355.

7. A TCC possui uma boa aceitabilidade e adesão, tem rápido início de ação e uma relação de custo-efetividade satisfatória... Esse tratamento consiste no uso de psicoeducação, técnicas para enfrentar a ansiedade e diminuição da hipervigilância sobre os sinais e sintomas físicos, reestruturação cognitiva e enfrentamento das situações evitadas... Portanto, embora haja poucos estudos comparando diferentes modalidades terapêuticas para o transtorno de pânico, as evidências apontam para a inclusão da TCC em algum momento do tratamento para obter melhores resultados em longo prazo.

CORDIOLI, Aristides V. *et al. Psicofármacos: Consultas Rápidas*. 3. ed. Porto Alegre: Artmed, 2005, p. 535.

3. Terapia Cognitivo-Comportamental

"Quando não houver vento, reme."
Provérbio polonês

O compromisso de honestidade que a pessoa deve ter, nestes tempos pós-modernos, contemporâneos e voláteis, aumenta a responsabilidade de buscar os melhores cuidados com a saúde, cuidando de si no que se refere ao corpo e ao psíquico.

A Terapia Cognitivo-Comportamental (TCC) tem sido excelente modelo terapêutico, com vastos estudos revelando bons resultados, auxiliando muitos pacientes que sofrem de Transtorno de Ansiedade, além de tantos outros distúrbios psíquicos.[1]

A TCC começou a ser estruturada pelo psicanalista e psiquiatra Aaron Beck para oferecer tratamento a pessoas deprimidas. O modelo de Beck foi então se expandindo, passando a ser utilizado também para o tratamento dos Transtornos de Ansiedade. Foi aprimorado e chegou a propostas de tratamento em grupo desenvolvidas por Aaron Beck e demais colaboradores.[2]

Em sua abordagem educacional, a TCC contribui profundamente para que os pacientes possam, de forma congruente, corrigir seus "pensamentos automáticos" e adaptar-se melhor à realidade do mundo, melhorando sua qualidade de vida.[3]

Essa teoria demonstra com precisão o quanto os nossos pensamentos influenciam em nossos sentimentos. Sendo assim, se os nossos pensamentos têm a capacidade de influenciar as nossas emoções e também de serem influenciados por elas, a ansiedade, que é uma reação comum e necessária ao ser humano, poderá com frequência ser alvo de pensamentos automáticos e distorcidos, gerando sofrimento humano além do necessário; e o que poderia ser uma defesa ou proteção, passa a ser patológico e prejudicial.

Os erros cognitivos são inúmeros e surgem dos pensamentos automáticos negativos, os quais constituem-se de crenças intermediárias, que surgem das crenças centrais.

É propício citar erros cognitivos mais comuns para facilitar a memorização do paciente, facilitando o combate destes erros. Aaron Beck nos facilita o entendimento a partir de uma lista de onze erros cognitivos mais comuns (Anexo I), entre eles: pensamento do tipo "tudo ou nada"; fazer declarações do tipo "eu deveria"; culpa inadequada; entre outros. O professor Paulo Knapp, em seu livro *Terapia Cognitivo-Comportamental na Prática Psiquiátrica*, apresenta de forma didática uma lista (Anexo II) com quatorze distorções cognitivas comuns, modificadas a partir de outros autores. Dentre essas distorções, cita a "catastrofização", tão presente nos dias de hoje, no que tange aos transtornos ansiosos.

Em cada indivíduo existem algumas tendências típicas para o aparecimento de seus pensamentos automáticos negativos, que surgem, a depender do caso, de crenças nucleares e intermediárias. Nos casos de transtornos ansiosos, transtornos de pânico e transtornos fóbicos, percebemos alguns erros mais frequentes, que usamos na tarefa terapêutica de conduzir a conscientização dos pacientes, na busca da correção de tais erros.

Em nosso grupo de trabalho, optamos por trabalhar com a lista presente no livro *Terapia Cognitivo-Comportamental na Prática Psiquiátrica* (Anexo II), que nos pareceu mais eficaz. Seguindo essa lista, os seis erros mais comuns, neste grupo específico, foram os descritos abaixo:

> **Catastrofização** – Pensar que o pior de uma situação irá acontecer, sem levar em consideração a possibilidade de outros desfechos. Acreditar que o que aconteceu ou irá acontecer será terrível e insuportável. Eventos negativos que podem ocorrer são tratados como catástrofes intoleráveis, em vez de serem vistos em perspectiva.
>
> **Questionalização (E se?)** – Focar o evento naquilo que poderia ter sido e não foi. Culpar-se pelas escolhas do passado e questionar-se por escolhas futuras.
>
> **Imperativos ("deveria" e "tenho-que")** – Interpretar eventos em termos de como as coisas deveriam ser, em vez de simplesmente considerar como as coisas são. Afirmações absolutistas na tentativa de prover motivação ou modificar um comportamento. Demandas feitas a si mesmo, aos outros e ao mundo para evitar as consequências do não cumprimento dessas demandas.
>
> **Adivinhação** – Prever o futuro. Antecipar problemas que talvez não venham a existir. Expectativas negativas estabelecidas como fatos.
>
> **Hipergeneralização** – Perceber num evento específico um padrão universal. Uma característica específica numa situação específica é avaliada como acontecendo em todas as situações.

Leitura mental – Presumir, sem evidências, que sabe o que os outros estão pensando, desconsiderando outras hipóteses possíveis.

Certamente, e com frequência, tais erros se sobrepõem. São tantos erros advindos de pensamentos negativos automáticos que poderíamos supor que aqui aparece um território para mais investigações. No entanto, em nossa experiência, principalmente em grupo, houve forte identificação com a lista acima, a qual apresentamos ao grupo todo. Sobretudo, houve uma boa reviravolta para cada um dos participantes, que acabaram tomando um posicionamento para melhor repensar e decidir a própria vida:

> Sra. AM: "Quando comecei a terapia eu era assim, pura 'catastrofização'. Hoje eu melhorei um pouco, mas às vezes eu caio e tenho que lutar para fugir 'dela'. 'Ela' me persegue, mas fujo com as técnicas aprendidas na terapia. Vocês sabem que raramente pensava nos meus aspectos positivos. Meu foco era ser menos negativa e hoje filtro e penso mais nos meus aspectos positivos. Era outra luta constante fugir da afirmação 'eu deveria', 'eu tenho que...', mas a cada dia venço com meus pensamentos renovados".

> Sr. A: "No início, quando recebia uma informação, antes de repensar, fazia um drama, perdia várias noites de sono, parecia que era o fim. Com o tempo fui aprendendo que as coisas não eram assim. Percebi que a maioria das preocupações não se realizam e quando se realizam são bem menores do que imaginávamos. Hoje, quando recebo as informações, mesmo que negativas, não me preocupo tanto e percebo que tudo tem seu tempo pra ser resolvido".

> Sra. L: "Busco flexibilizar; quando penso em rotular de forma automática, tento questionar se este pensamento

me será útil. Os aspectos positivos sempre contam a favor, a cada passo positivo me sinto fortalecida. Não sou indiferente a hipóteses boas e ruins, mas sempre busco uma forma positiva em meus resultados, sendo eles de sucesso ou fracasso. Me sinto péssima quando radicalizo algo, vejo certa infantilização da minha parte. Muitas vezes, a respiração precisa ser controlada em situações radicais e depois de respirar e acalmar minha ansiedade, posso verificar as alternativas possíveis. Procuro melhorar não me comportando com erros que não tem mais significado no meu presente ou futuro".

Sra. C: "Eu, antes da terapia do grupo, tive uma crise de ansiedade, pânico por ter pensamentos catastróficos e por querer adivinhar o futuro, com medo de como seria a vida dos meus filhos. Se iria dar certo. Se acontecesse alguma coisa já ficava muito ansiosa. Se poderia ficar doente ou morrer. Hoje, depois da terapia e do grupo de terapia, já consigo identificar quando vêm os pensamentos catastróficos, respiro, penso que estou vivendo a realidade e tento repensar e viver o hoje. Tive uma recaída no início de 2018, mas identifiquei o meu erro cognitivo, as 'crenças', e já estou me recuperando com ajuda de todos".

Sra. N: "Eu tinha pensamentos catastróficos e não via solução... Imaginava que sempre seria uma tragédia, cada problema era um monstro, sempre numa dimensão muito maior que ele era e tudo de ruim seria possível acontecer. Previa um futuro sempre negativo. Hoje com a terapia consigo ver a realidade e tenho sempre a certeza que o monstro não é do tamanho que a ansiedade me fazia sentir".

Sra. H: "Quando cheguei aqui eu estava com síndrome de pânico e achava que ia morrer, sempre achava que tudo de ruim iria me acontecer, me fazia de vítima sem perceber, generalizava tudo catastroficamente, depois aprendi a controlar o meu 'catastrofismo'".

São vários erros cognitivos, descritos por vários autores, mas poderemos concluir que, infelizmente, há uma infinidade de equívocos nos pensamentos das pessoas. Até mesmo as mais saudáveis terão, vez ou outra, um equívoco a ser repensado.

Seguem outros erros cognitivos (Anexo II) que também podem produzir emoções indesejáveis e quadros patológicos:

Polarização (pensamento tudo ou nada, dicotômico) – Ver a situação em duas categorias apenas, mutuamente exclusivas, em vez de um *continuum*. Perceber eventos ou pessoas em termos absolutos.

Personalização – Assumir a culpa ou responsabilidade por acontecimentos negativos, falhando em ver que outras pessoas e fatores também estão envolvidos nos acontecimentos.

Vitimização – Considerar-se injustiçado ou não entendido. A fonte dos sentimentos negativos é algo ou alguém, havendo recusa ou dificuldade de se responsabilizar pelos próprios sentimentos ou comportamentos.

Minimização e maximização – Características e experiências positivas em si mesmo, no outro ou nas situações são minimizadas, enquanto o negativo é maximizado.

Abstração seletiva (visão em túnel, filtro mental, filtro negativo) – Um aspecto de uma situação complexa é o foco da atenção, enquanto outros aspectos relevantes da situação são ignorados. Uma parte negativa (ou mesmo neutra) de toda uma situação é realçada, enquanto todo o restante positivo não é percebido.

Rotulação – Colocar um rótulo global, rígido em si mesmo, numa pessoa ou situação, em vez de rotular a situação ou o comportamento específico.

Raciocínio emocional (emocionalização) – Presumir que sentimentos são fatos. 'Sinto, logo existe'. Pensar que algo é verdadeiro porque tem um sentimento (na verdade, um pensamento) muito forte a respeito. Deixar os sentimentos guiarem a interpretação da realidade. Presumir que as reações emocionais necessariamente refletem a situação verdadeira.

Desqualificação do positivo – Experiências positivas e qualidades que conflituam com a visão negativa são desvalorizadas porque 'não contam' ou são triviais.

Chegando até aqui o paciente conseguirá ter mais instrumentos cognitivos para avaliar seus transtornos; saberá que é um bom começo, mas que manter-se consciente e determinado não elimina o problema, porém, o ameniza. Com prática e persistência, se sentirá cada vez melhor. E, claro, não existe uma fórmula perfeita e genérica, apenas uma boa ferramenta que, aliada à persistência, possibilitará ao paciente alcançar um norte, mas que exigirá dele esforço para ser utilizada. Cada um sabe do seu próprio sofrimento, mas por vezes não sabe de sua capacidade para transformá-lo.

Diz o provérbio polonês, epígrafe deste capítulo: "Quando não houver vento, reme". Ditado tão simples e verdadeiro, pois quando se questiona sobre o destino, há de se esbarrar sempre em polêmicas: "A vida é predeterminada?"; "Pode-se determiná-la totalmente?"; "O ser humano está à mercê de um destino cego?"; "Pode-se destinar a vida por rumos pré-estabelecidos?". Ora! O destino é um deus cego, e com "d" minúsculo. O destino pode ser uma ventania ou uma ausência de vento, que em parte, e só em parte, pode influenciar a trajetória do ser humano, mas não o impede de remar. Por vezes, vai-se ao sabor do vento. Por vezes, rema-se na ausência de vento. Outras vezes, é necessário remar contra a maré.

NOTAS

1. A TCC possui uma boa aceitabilidade e adesão, tem rápido início de ação e uma relação de custo-efetividade satisfatória (...). Esse tratamento consiste no uso de psicoeducação, técnicas para enfrentar a ansiedade e diminuição da hipervigilância sobre os sinais e sintomas físicos, reestruturação cognitiva e enfrentamento das situações evitadas (...). Portanto, embora haja poucos estudos comparando diferentes modalidades terapêuticas para o transtorno de pânico, as evidências apontam para a inclusão da TCC em algum momento do tratamento para obter melhores resultados em longo prazo.

   CORDIOLI, Aristides V. *et al. Psicofármacos: Consultas Rápidas*. 3. ed. Porto Alegre: Artmed, 2005, p. 535.

2. Aaron Beck, o principal fundador da terapia cognitiva, teve formação original em psicanálise. Assim como Ellis, Beck começou a questionar as formulações psicanalíticas das neuroses, particularmente com relação à depressão (...). A partir da ênfase inicial na depressão unipolar, o modelo de Beck (Beck, 1970) foi ampliado para outros transtornos e dificuldades, incluindo a ansiedade (...).

   DOBSON, Keith S. *et al. Manual de Terapias Cognitivo--Comportamentais*. Porto Alegre: Artmed, 2006, p. 26.

3. Congruente com o modelo cognitivo, o objetivo da terapia cognitiva é substituir a suposta avaliação distorcida que o cliente faz dos eventos por avaliações mais realistas e adaptativas. O tratamento baseia-se em uma abordagem psicoeducacional e cooperativa, que envolve projetar

determinadas experiências de aprendizagem para ensinar os clientes a (1) monitorar pensamentos automáticos; (2) reconhecer as relações entre a cognição, o afeto e o comportamento; (3) testar a validade de pensamentos automáticos; (4) substituir pensamentos distorcidos por cognições mais realistas e (5) identificar e alterar crenças subjacentes, pressupostos ou esquemas que predisponham os indivíduos a ter padrões de pensamento deficientes (Kendall e Bemis, 1983).

DOBSON, Keith S. *et al. Manual de Terapias Cognitivo--Comportamentais*. Porto Alegre: Artmed, 2006, p. 27.

4. Você e a ansiedade: aprendendo a repensar

"A felicidade não existe fora de nós, onde em geral a procuramos, mas dentro de nós, onde raramente a encontramos."

H. Rohden

É interessante que, quando a pessoa está no meio da crise de ansiedade, ela parece uma criança assustada. Não vê a si mesma! Não se dá conta de suas possibilidades e fica presa a um "redemoinho" de pensamentos catastróficos.

Certa vez me deparei com uma queixa peculiar, pois o paciente que há pouco havia iniciado sessões para o combate de transtorno de ansiedade generalizada, chegou a mim esbaforido, dizendo que tinha tudo para ser feliz, mas estava péssimo. Explicou-me sobre uma promoção que recebeu em seu trabalho, com viagem para Portugal, com tudo pago, onde iria fazer um certo trabalho e, no retorno, já estaria promovido. Perguntei-lhe se tinha medo de viajar de avião, ao que me disse que não, pois esta era a parte boa da história. Queixava-se de forma singular, que era para estar feliz, mas temia que "as coisas" poderiam não sair como "deveriam". Ficava repassando em seus pensamentos os passos do que "deveria" fazer para tudo correr de forma perfeita. Chegou a pensar em desistir da viagem, de tanta exaustão que sentia, mas, se o fizesse, perderia a promoção que tanto havia trabalhado para conseguir.

Vale lembrar aqui que se trata de um homem, de fato, trabalhador e competente. Como já havíamos tido bons encontros anteriores, tornou-se pertinente seguir seus passos até a esquina do razoável, para somente então apontar o norte. Assim o fiz, concordando com aqueles pensamentos perfeccionistas e absurdos. Comecei a sugerir que inclusive preparasse um *nécessaire*, aquela bolsa de mão, com remédios necessários para outros problemas possíveis; que levasse também os psicofármacos e, sobretudo, desistisse da ideia de que tal viagem seria perfeita. Disse-lhe: "Perfeitamente! Você tem razão! Esta viagem não será perfeita". Fui falando firme e de maneira aparentemente "convicta", a ponto de deixá-lo em "perfeita sintonia" comigo, até aquela esquina do absurdo. Nisso, pareceu-me que ele queria discordar, mas apenas balançou com a cabeça afirmativamente e retrucou: "Esta viagem começou a ficar boa"; "Aquela viagem perfeita já era"; "Já estou começando a gostar um pouco desta viagem". Ao retornar da viagem, tive o privilégio de ser um dos primeiros a saber o quanto ela foi boa, marcante e transformadora.

Chego à conclusão de que o perfeccionismo é o pai da ansiedade patológica.

O ser humano é um ser gregário, mas é também um ser individual. É paradoxal. Por isso, caminhará por toda a vida nesta larga faixa de um caminho de altos e baixos, de dúvidas e certezas. Precisará seguir boas pegadas na caminhada, mas outras vezes precisará desenhar suas próprias pegadas para outros seguirem. Seguirá caminhos como se fossem atalhos para sua travessia, mas por vezes construirá sua própria estrada.

Sua estrada não será a única verdade, assim como a do outro também não. Até mesmo a "virtude", que "sempre" nos aponta o caminho do meio, poderá ser revista na exceção da regra, pois em certos momentos o "morno" é banalizado, e com razão.

O ser humano vem caminhando por esta via feita de paradoxos. Em cada passo que dá, arrisca-se entre verdades e mentiras, bondades e maldades, belezas e feiuras.

O ser humano não apenas vive num paradoxo, ele é o próprio paradoxo.

Vive na fresta entre distinguir, ser resistente ou ser resiliente.

Vive atento e distraído; se distraído, perderá a hora do ataque ou a hora da fuga, pois estas são condições humanas que o fazem viver entre o medo e a raiva, superando-as ou não em cada momento vivido.

Vive entre a responsabilidade que a vida exige ou se deixa levar pelos desejos daquilo que quer.

Os deveres e os quereres residem entre seu "coração" e sua "razão" nesta longa jornada de decisões.

Deveria se preocupar demais ou não se preocupar com nada?

Controlar ou descontrolar?

Cuidar ou descuidar?

Salvar ou perseguir?

Proteger ou superproteger?

Responsabilizar-se ou dar ao outro as responsabilidades?

Ser centrado ou ser disperso?

Proibir ou permitir tudo?

Trabalhar duro sem pensar ou sonhar sempre e muito?

Agradar a todos, esquecendo-se de si, ou permitir-se fazer o que quer, o que lhe agrada?

São tantas dúvidas, que até mesmo o exercício de aceitação poderá ser confundido com resignação frouxa. Parece que estamos cercados por milhares de pensamentos e já não sabemos qual será a saída. Neste mundo, por exemplo, o amor e o medo são vistos pelo filósofo polonês Zygmunt Bauman como "amor líquido" e "medo líquido"; desaparece a concretude das coisas; o tempo nos é fugidio e os valores se assemelham a nuvens frágeis; ficamos quase sem ter onde nos agarrar nestas enxurradas rápidas e desnorteadas do mundo contemporâneo, mas neste *quase* observamos a necessidade de pensar e repensar.

Nossos pensamentos são fugazes e automáticos, resultando em angústias excessivas, por isso, a atenção tem seu custo, porém custará menos atermo-nos numa melhor compreensão de tudo isso, prevenindo-nos contra uma maior exaustão posterior. Cuidar dos pensamentos de agora e realinhá-los cognitivamente é viável e é possível. Entretanto, controlar o futuro está fora de nosso alcance e sua tentativa é comprovadamente passível de falha.

Os pensamentos alimentam-se de crenças, que podem ser de amor ou de temor. Dizem, metaforicamente, que a vida é semelhante a um eco, e se gritarmos "temor", ela responderá "temor", e se gritarmos "amor", ela responderá "amor". De fato, com frequência a vida devolve o que se oferece, porém, por vezes, apesar do clamor de paz, apesar do pedido de luz, o que vem é dor e sofrimento. É como se a vida colocasse o ser humano frequentemente à prova.

Por vezes, fica-se gratificado com vivências inesquecíveis; outras vezes, participa-se como criador, cria-se com o próprio suor um pouco do mundo, mas ainda, em outras situações, submetidos "às provas" dos sofrimentos inerentes à vida, poucos indivíduos experimentam em si a possibilidade de transformação.

Quem nunca sofreu?

Cada ser humano é escritor de um livro com inúmeras páginas, escritas por seus ancestrais, seus avós, seus pais, e até aqui, neste presente momento, por si mesmo. As páginas do futuro são as mais almejadas para entender o final, para concluir o enredo final, mas estas páginas estão em branco. As páginas mais marcantes serão escritas por um dom com o qual todos foram agraciados – queiram ou não –, o dom do livre-arbítrio.

É necessário conhecimento para saber quem se é, paciência para compreender a vida e determinação para melhorá-la.

É difícil escolher! Porém, é na possibilidade da escolha que reside a verdadeira liberdade. No final das contas, cada um faria muitas coisas diferentes do que fez, mas jamais trocará de vida com outra pessoa. Afinal, cada qual com suas experiências compõe a sua história.

Enfim, não se pode voltar atrás, e está tudo bem! Isso também serve como aprendizagem. Cabe aqui repensar mais uma vez. Repensar o que passou e aprender com isso, repensar também no que está "estabelecido como verdade", e rever esses aspectos com cautela e flexibilidade.

Além de diferenciar a ansiedade normal do transtorno ansioso, poderemos observar outros exageros derivados do poder das palavras. A *culpa*, por exemplo, é pensada no cotidiano de todos, sem qualquer revisão.

Para evitar que equívocos e erros cognitivos se espalhem em nosso viver, deve-se diferenciar também a culpabilidade existente em nosso dia a dia da responsabilidade que nos pertence e nos move.

Lembre-se de que a culpa é outra característica do ser humano e, assim como a ansiedade, poderá ser compreendida como normal e até benéfica, ou como patológica; o mesmo se dará com a culpa que nos paralisa ou nos orienta.

Deixe-me explicar: não somente Kierkergaard nos clareou para a compreensão de que a angústia é característica concreta do ser humano, mas Medard Boss, em seu livro *Angústia, Culpa e Libertação*, descortina tal horizonte para pensarmos melhor neste ser que somos. Sendo assim, revela-nos sobre o quanto podemos melhorar nossa forma de conviver com a "culpa" intrínseca e essencial que naturalmente carregamos, e alerta para que saibamos usá-la, fazendo as ressalvas que a culpabilidade humana requer.

Como complemento, vale refletir sobre a palavra culpa que, na língua alemã, pode ser traduzida por "dívida" (*schuld*).

Não raramente, ao receber aqueles que sofrem de transtornos ansiosos, regados por culpabilidade inadequada, procuro de imediato rever pequena parte de uma oração: "perdoai as nossas culpas"; e vou adiante: "perdoai as nossas ofensas"; por fim, concluo, lembrando que poderá ser recitada como "perdoai as nossas dívidas".

Isso serve com frequência para boa reflexão e mudança de paradigma. E quando isso é posto para aqueles que são ateus, fica ainda mais fácil tal diálogo, considerando que, em geral, o ateu tende a querer resolver suas "dívidas" de forma concreta e responsável. Quando o paciente (religioso ou ateu), em suas percepções, exagera e distorce o tamanho e peso da culpabilidade ou dívida, faz-se necessário reorientá-lo a pagar tal "dívida" em suaves prestações, com a única moeda que possui para isto, que é a moeda da responsabilidade. Quando se chega neste ponto, os paradoxos começam a se dissipar, pois a palavra *responsabilidade* traz em seu âmago outra ideia de resposta.

Veja bem, se a ideia da dívida nos remete à ideia do "dever", a responsabilidade nos leva a "responder". Responder o quê?

A vida sempre nos cobra uma resposta, no entanto, é frequente que em nossas queixas sempre reclamemos do que nos falta.

Quando procedemos assim, a falta fica maior. Portanto, o melhor será buscar menos respostas e, principalmente, ficar atento em dar respostas. Vamos aprendendo, por exemplo, que as portas têm mais utilidades quando abertas; que o amor é mais bonito quando é doação.

Dizem que se batemos à porta da bondade é porque esperamos que a bondade venha nos atender.

Enfim, são duas vias, duas portas: a dos convidados e a dos anfitriões. Quando somos convidados a participar da vida é melhor preparar o traje, encontrar o melhor presente, compartilhar, seja qual for a cerimônia, pois a vida não é uma festa qualquer, que se possa ou deva recusar o convite.

Raras vezes somos anfitriões, porém quando convidamos a vida para festejar, precisamos ter bem claro o que vamos oferecer, pois a vida tem de tudo, e é tão rica e bonita que a festa oferecida precisará ser tão bela quanto ela é.

Há algum tempo aprendi que o contrário de viver não é morrer – pois o contrário de morrer é nascer –, mas estagnar-se. No entanto, mesmo sabendo isso na teoria, quando se pensa em praticar essa forma de viver, a coisa muda de figura. Parece fácil viver quando está tudo bem, quando a maré é favorável. Agora, quando os obstáculos aparecem em nossa frente, quando caem "pianos" na cabeça, então viver requer muita sabedoria, e o risco de paralisar o fluxo da vida é imenso. É preciso ter coragem para viver, é preciso se arriscar, não estagnar-se, e, mesmo quando a vida nos parecer um "abismo", deve-se buscar coragem para prosseguir.

A sabedoria deveria ser a nossa maior ambição, mas creio que o mais valioso seja o processo de conquistá-la. Ninguém poderá nos dar sabedoria, mas podemos aprendê-la.

Galileu Galilei disse: "Nada podemos ensinar a um homem, podemos somente ajudá-lo a descobrir as coisas dentro de si mesmo".

A mudança começa sempre em si mesmo. Sempre no singular e somente assim chegamos ao plural, ao que somos. É preciso, de forma singular, ouvir o que nos pede o poeta: "Torna-te quem tu és" (Píndaro).

Devemos ver a vida como se fosse uma segunda chance, assim brindamos com mais alegria a cada dia vivido.

Quando a vida nos brinda com suas maravilhas, e são tantas e todos os dias, devemos celebrar, não as deixando passar despercebidas.

São dádivas que vêm na graça de uma lua cheia ou minguante, num amanhecer, num entardecer, num pássaro que canta ou voa, numa boa notícia que vem numa suave brisa. Recebemos o brilho da vida como um lago que recebe a luz da lua ou do sol, sendo que este mesmo lago devolve a beleza refletindo as árvores, as cores, a claridade. Assim também cabe a nós fazer parte da arte que o Criador inventou, devolvendo à vida o que recebemos gratuitamente. Esta é outra dádiva de tamanha riqueza que nos engrandece.

Porém, há um fato que nos eleva ou nos diminui, dependendo da nossa atitude. É quando a vida vem em forma de sofrimento, de maneira tão inevitável, que só nos resta prostrar-nos diante da dor, responder com um silêncio de coragem e bravura, ou com um lamento de desesperança e derrota.

Qual será a atitude de cada ser diante de um imutável e torturante sofrimento?

Mesmo diante do sofrimento, o homem poderá encontrar um sentido em sua vida, dependendo de sua atitude, ainda que seja uma minoria que consiga tal transformação. Porém há aqueles que desconfiam, por exemplo, de que esta vida não tem sentido. Duvidam e deixam o tempo passar, não se comprometem, não criam, não realizam, não desfrutam, e, por mais absurdo que possa parecer, todo este mecanismo é construído para não sofrerem, mas terminam num vazio existencial, que é o pior sofrimento que alguém pode vivenciar.

Pode ser que a vida não seja tão simples, mas também não tem por que complicá-la ainda mais. Não temos necessariamente um "fardo" maior que a nossa "força", dessa forma, não adianta fugir do sofrimento quando este é inevitável. O ideal será sempre a procura de um sentido que já existe em nossa essência. Pensar e repensar não somente em corrigir os erros cognitivos dos pensamentos automáticos que nos paralisam, mas pensar um pouco além, por exemplo, na forma particular como cada um de nós compreende a vida, o mundo e o outro. Isso nos levará a reciclar e melhorar "nossa filosofia de vida", nos tornando pessoas mais fortalecidas, e, dessa forma, a ansiedade, a angústia e a culpa que antes nos fragilizavam, agora poderão nos fortalecer.

O ser humano consciente de si mesmo se torna livre e responsável e, com isso, torna-se realizado. No entanto, com frequência o homem toma caminhos errados, aceita crenças equivocadas que o levam a um beco sem saída, e ele, sentindo-se impotente e prisioneiro do destino, acaba por aceitar "sua sorte" como algo imutável ou incompreensível.

Existem ainda aqueles que acreditam que leis fixas estejam governando nossas vidas, que tudo depende de tais leis, e que sua capacidade de autodeterminação é frágil e nada pode fazer frente ao determinismo que crê se suceder em sua vida. Isso é algo desolador, perigoso, que nos atira no fundo de um poço abandonado e nos transforma em seres acomodados, descrentes, verdadeiros pessimistas com ares de realismo.

Seguindo pelo caminho contrário e tomando uma posição frente à vida com livre-arbítrio, estaremos ampliando nossas responsabilidades perante o mundo e, mesmo que em parte, ajudando a construí-lo, de tal maneira que nossa atitude frente à vida já não poderá passar despercebida. O destino já não será tão cego, pois, refletindo sobre as nossas possibilidades e nossas escolhas, saberemos melhor o que esperar do amanhã.

5. Você, o outro e a ansiedade: vendo e aprendendo além de si mesmo

"Uma consciência livre é um travesseiro macio."
Provérbio alemão

Com um mínimo de atenção, perceberemos que, diante de conflitos interpessoais, as soluções buscadas são frequentemente as mais difíceis, pois, em sua maioria, o ser humano quer que o outro mude e nem sequer questiona a possibilidade de mudar a si mesmo.

Os erros cognitivos são deduções erradas e precipitadas que se repetem, nascidas de crenças antigas e negativas; as conclusões tiradas vão se amontoando no dia a dia de quem não se corrige, confirmando as velhas crenças. Por exemplo, uma pessoa com a crença de que não merece ser amada coloca no outro culpas e mais culpas, se sente incompreendida pela outra pessoa ou culpa o "destino" e a falta de sorte que a cerca.

Os erros cognitivos perduram como vício de comportamento, a ponto de, muitas vezes, escutarmos os pacientes dizerem que são assim e não conseguiriam mudar: "Sou mesmo perfeccionista"; "Sou estressado e ansioso"; "Sempre fui ranzinza"; "Sou muito inseguro". Temer o que virá devido às deduções que se tira não modifica o futuro, mas piora o presente. Medo de ter medo, por exemplo, é a fobofobia. Esta antecipação de um futuro mais tenebroso duplica a fobia e não a resolve, nem sequer alivia.

A ansiedade de ter crises de ansiedade poderia ser minimizada com um pouco mais de aceitação. Neste caso, há um "ringue" dentro dos pensamentos, um enfrentamento entre ser tolerante em relação às incertezas do futuro ou querer ter certezas a respeito dele. Querer ter certezas será, certamente, o pior caminho.

Antecipar as crises de um futuro incerto talvez seja a maior característica da ansiedade gerada pelas expectativas. Nesses casos, o que o paciente tanto teme que lhe aconteça, que é ter uma crise, já está acontecendo enquanto ele cultiva esse temor. O medo do amanhã está nos seus pensamentos no momento presente e, infelizmente, quando esse amanhã chegar, o medo ainda persistirá.

Os psicólogos Bernard Rangé e Angélica Borba, no livro *Vencendo o Pânico* (p. 32), nos esclarecem sobre isso:

> Antes de tudo, é preciso entender que o modo de pensar afeta, isto é, influencia o que sentimos. Qualquer situação com a qual nos deparamos nos faz pensar, automaticamente, em coisas boas ou ruins sobre ela. Se penso que estou em perigo, sinto medo; e se penso que algo bom vai acontecer, fico alegre. Assim, qualquer sentimento é geralmente causado por algum pensamento específico.
>
> Ao mudarmos nossos pensamentos, também modificamos nossos sentimentos, ou seja, seguindo o exemplo anterior, as duas avaliações contidas naqueles pensamentos podem estar erradas: de repente, descubro que não estou em perigo e o medo passa; e o que pensei que iria acontecer de bom era um engano, e não fico mais alegre.

Os índios, quando pescam, não atiram a lança direto no peixe que veem ao redor, pois sabem que o que veem é uma ilusão. Eles atiram um pouco abaixo, respeitando o fenômeno da refração. Ver por outro ângulo antes de lançar o dardo no alvo desejado pode ser uma boa forma de rever pensamentos automáticos negativos.

A primeira dedução que fazemos diante do outro ou do futuro pode e deve ser revista sempre que possível. Se o amigo passa e não nos vê, que dedução fazemos disso? Ele quis nos evitar? Ele está com raiva de algo que possa ter acontecido? Ele está triste com alguma coisa que fizemos? Ele é tão arrogante que nos evita? Ou, ainda, ele não nos viu?

Bom entendimento e boa compreensão nos levam a evitar deduções precipitadas e, certamente, ao aprendizado de enxergar por outros prismas. Particularmente, procuro pensar a partir de pelo menos três prismas possíveis. É que, por vezes, apenas com dois pontos de vista podemos cair no conhecido erro do "tudo ou nada" ou "oito ou oitenta", mas, entre esses extremos, há infinitas possibilidades.

A dedicação na reflexão é necessária pois, se a busca da felicidade fosse algo automático e pensado de forma rápida em busca de prazer ou poder, por exemplo, perderíamos o verdadeiro sentido da vida. Frankl (1999, p. 119) diz: "Mais importante que a busca da felicidade, é a busca de uma razão para ser feliz".

Dessa forma, pode-se perceber o quanto o ser humano vive expectativas que o favoreçem em seu desenvolvimento biopsicossocial, visto ser parte da natureza humana construir boas expectativas, ser esperançoso e assertivo. Por outro lado, é pertinente observar que nem sempre isso acontece, e, para muitos, os pensamentos automáticos e equivocados ao longo da vida parecem formar uma espécie de filosofia de vida falsa (falsas verdades) e sem fundamento. Tais crenças errôneas passam a ser causadoras de transtornos intermináveis que, se não forem questionados e corrigidos pela própria pessoa, poderão conduzi-la a um destino sofrido e avassalador.

Por isso, vale ressaltar uma visão realista e esclarecedora da Terapia Comportamental Racional-Emotiva (TCRE), que foi fundada por Albert Ellis (contemporâneo de Aaron Beck) em 1955. O texto abaixo revela uma forma inteligente de corrigir possíveis erros cognitivos, podendo fazer parte ativa do processo terapêutico, tanto individual quanto grupal:

> A teoria da TCRE postula três derivados principais da filosofia do desejo. Eles são considerados racionais, pois são flexíveis, condizentes com a realidade, sensíveis e tendem a ajudar as pessoas a alcançar seus objetivos e formular novos objetivos quando não conseguirem satisfazê-los. O primeiro derivado é conhecido como "anticatastrofização". Nesse caso, se a pessoa não consegue o que deseja, ela reconhece que isso é ruim. Porém, como não acredita que "tenho que ter o que desejo", mas faz uma avaliação em uma escala de 0 a 100, ela não avalia a situação como uma catástrofe. De um modo geral, quando a pessoa adere à filosofia do desejo, quanto mais forte for o seu desejo, pior será sua avaliação quando não conseguir o que deseja. (DOBSON, 2006, p. 237)

Aqui vale ressaltar um erro cognitivo: "deve", no imperativo, "tenho que", comum a tanta gente que se obriga a "ter que" realizar os tais 100% em tudo o que faz, o que resulta em um sentimento de insatisfação, levando essas pessoas a se sentirem perdedoras.

> O segundo derivado é conhecido como "alta tolerância à frustração". Nele a pessoa (1) reconhece que um evento indesejável aconteceu (ou pode acontecer); (2) acredita que o evento deve ocorrer empiricamente; (3) considera que o evento pode ser e merece ser tolerado; (4) tenta mudar o evento indesejado ou aceita a "dura" realidade, se não puder modificá-la; (5) busca outros objetivos ativamente, mesmo que não possa alterar a situação. (DOBSON, 2006, p. 237)

Sabemos que o "indesejável" já aconteceu, mas um erro constante seria a pessoa repetir que isso sempre lhe acontece. Aqui a "tolerância" é a palavra-chave para tal superação.

> O terceiro derivado é conhecido como "aceitação". Aqui a pessoa aceita a si mesma e outras pessoas como seres falíveis, que não têm de agir de maneira diferente do que agem. Além disso, as condições de vida são aceitas da forma como são. As pessoas que mantêm uma filosofia de aceitação reconhecem que o mundo é muito complexo e que ele existe segundo determinadas leis, que muitas vezes estão fora de seu controle pessoal. É importante enfatizar que aceitação não implica em resignação. (DOBSON, 2006, p. 237)

Deve-se refazer o itinerário que vai das crenças centrais aos pensamentos automáticos, erros cognitivos, às emoções e condutas inadequadas para se poder repensá-los.

Repensar! Esta é a tarefa de cada um de nós, mesmo de quem não sofre transtorno algum. A vida requer de nós este repensar. Este texto, ou melhor, este pensamento provoca uma visão realista e ao mesmo tempo um alento significativo e esclarecedor que pode, de maneira psicoeducativa e terapêutica, resgatar nossa esperança.

6. Você, os outros e o mundo: desvendando o mundo externo através do mundo interno

"O mundo não vale o meu lar."
Provérbio popular

Sempre que pensamos no antônimo de estranho, custa-nos um pouco imaginar que a resposta seja a palavra "familiar". De fato, vamos nos familiarizando com a vida, com os outros, com o mundo, aprendendo a reconhecer as novidades, aprendendo e reaprendendo, repetindo, transformando as estranhas novidades em tradicionais familiaridades. No entanto, e não raro, tais valores passados de geração em geração nos levam a refletir que certas famílias vão seguindo estranhas tradições, se familiarizando, por exemplo, com "cem anos de solidão", cumprindo assim com um "destino" solitário e fechado nelas mesmas.

Há famílias que experimentam verdadeiros labirintos, e por isso se faz necessário decodificá-los para que seus membros não percam o rumo da vida e do amor. Outras famílias vivem com cumplicidade e simplicidade, principalmente quando o código do mistério está relacionado ao amor e à alegria. Para completar o sentido familiar, é fundamental que aqueles que convivem durante a maior parte da jornada da vida compartilhem valores e pensamentos entre si, e cuidem com carinho uns dos outros.

A família deve ser um ninho acolhedor, para que, no início, haja repouso para os sonhos infantis nos braços seguros dos seres amados. De uma maneira ou de outra, com frequência é prazeroso estar no meio familiar. Também é importante conhecer outras famílias, outros quintais, e por vezes voltar de lá com novos paradigmas para acrescentar às velhas regras, para lembrar sempre que toda regra tem exceção.

Todos os dias a novidade bate à porta da tradição, e os jovens, com suas asas inseguras, insistem num tipo de voo mais moderno, e, entre quedas e tropeços, entre pousos e decolagens, vez ou outra a tradição abre a porta e aprende com os jovens esse constante movimento. A rigidez atrapalha o bom desenvolvimento de uma família. O normal e saudável é que haja uma discreta permeabilidade e fragilidade, para que não se perca o movimento dinâmico da sociedade.

Uma boa família precisa de flexibilidade, comunhão, prazer, carinho, cumplicidade, aconchego, alegria e principalmente amor. Diz o ditado: "O mundo não vale o meu lar". Bom mesmo é transformar o lar num recanto de prazer, de descanso, e poder compartilhar, com fraternidade, a alegria do convívio (coisa rara) e a felicidade de quem pode viver esta simples experiência.

É prazeroso chegar em casa depois de um dia de viagem, sentar no sofá e tirar os sapatos. Em qualquer lugar seria bom fazer isso, mas no meio familiar o prazer é maior.

Com o passar dos anos, a busca por um sentido, algo que nos dê uma razão para existir cada dia e cada noite, é cada vez mais intensa. E cada família, com seu próprio modelo, não de perfeição, mas de aceitação e comunhão, deve evitar, sempre que possível, se acostumar com preconceitos, perfeccionismo, inflexibilidade.

Foi no meio familiar que aprendemos a pertencer ao mundo?

O mundo parece um "estranho" com quem, na rotina da vida, vamos nos familiarizando, porém nunca completamente. Contudo, se desistirmos, mais estranho ele nos parecerá.

Pense em como você gostaria de ser recebido quando visita um amigo. Pense também como você recebe um amigo quando ele o visita. Que importância você dá a isso? Vamos imaginar...

Permita-me descrever, com experiências profissionais, minhas impressões ectoscópicas nos primeiros encontros. O paciente ansioso chega ao consultório pela primeira vez tão assustado e disfarçando seus medos, pelo menos na sala de espera, que em geral o quadro fica mais evidente. É ele que está analisando, desconfiado, com medos, mas também com desespero para ser socorrido. É hora do acolhimento, da escuta, do terapeuta oferecer ajuda e cordialidade, oferecendo-lhe "água para matar a sede".[1]

Aqui pode se iniciar o primeiro passo na direção da cura, partindo do acolhimento desse encontro, contando com a empatia, que é a arte de pôr-se no lugar do outro. Nos simples gestos de um bom encontro, poderemos diminuir rótulos preconceituosos, pensamentos do tipo "tudo ou nada". E, se na saída for desvendada uma pessoa melhor, por pouco que seja, já estaremos na estrada da transformação.

Como ajudar alguém, por exemplo, a fazer uma respiração diafragmática, se não houver empatia, se não houver adesão? Mostrar-se interessado no bem-estar do amigo promove interesse por parte dele, e o prognóstico torna-se viável e promissor. Assim, estará estabelecido um exemplo de como ser confiante.

A propósito, gostaria de expor o fragmento de uma das sessões realizadas com um paciente com quadro de transtorno de ansiedade, o qual tem dado excelentes respostas até o momento. Considero importante salientar que as consultas eram sempre desejadas com certo entusiasmo, adesão e cordialidade por ambas as partes. Segue então o relato, correspondente já ao meio da sessão:

— Sabe, Thales, é muito ruim quando percebo que a vida me preparou armadilhas em que eu tinha que controlar tudo em meu caminho. Queria chegar até aqui com as coisas todas em seu lugar, mas agora tenho que esperar para poder voltar para o sítio que eu tanto sonhei.
— É, amigo, você preparava as armadilhas do "perfeccionismo" e do "deveria", dando e obedecendo ordens disciplinarmente, com a crença de que teria um controle sobre as incertezas do futuro, e isso nós já havíamos conversado, não é mesmo?
— Essas incertezas estão em minha cabeça o tempo todo...
— Não é bem assim, pois as incertezas são da vida, do futuro...
— É, certa vez fiquei com medo tão grande de morrer, que temi morrer antes...
Neste momento sorri, sorrimos.
— Podemos rir disso? Na sua cabeça fica a intolerância de não poder ter certezas.
— Claro!
— É um excesso de adrenalina, de ter que seguir em frente. Na minha vida militar, não poderia haver incertezas. Pular de paraquedas é algo que não se pode errar.
— No entanto, você pulou várias vezes. Se isso era uma armadilha, você se superou.
— Vivi por tanto tempo com a impressão que se tem que controlar tudo, era muita adrenalina e aquela tendência de "catastrofizar" tudo, e colocando um "perfeccionismo" e um "deveria" em tudo. Tenho uma natureza assim! Tenho? Não, tinha.

— A palavra-chave aqui parece ser flexibilidade, não é mesmo?

— Você contou aquela vez que o apego gera medo e estresse, com isso volta-se ao apego...

— Verdade, para combater isso é bom ter uma boa dose de aceitação, mesmo que não seja 100% (risos).

— Procuro pensar sempre nisso, no desapego, na aceitação, na flexibilidade, mas parece que a vida toda treinando para não errar...

— Agora a vida requer outro treino, que é repensar.

— O que me deixava ansioso era olhar para uma situação de vida e questionar de forma catastrófica o que viria pela frente, que deveria ser da forma que eu queria, e assim eu tentava controlar as coisas em meu pensamento, mas aumentavam as preocupações e incertezas.

— É verdade, você questionava muito, devido às incertezas do futuro, ficando sempre com a interrogação do "E se?". E se isso acontecer de mal, e se eu morrer, e se as coisas não saírem como deveriam?

— Por que será que acontecem essas coisas na cabeça da gente?

— Você sabe, não sabe?

— É, sei! Vendo as catástrofes verdadeiras na TV, vejo que a dor é mesmo de cada um, mas as minhas dores são tão menores. Somente tenho que agradecer.

— É isso, amigo!

A hora seguiu tranquila daí para frente, questionei se estava melhor e empenhado no que tange a buscar flexibilidade, sem exageros, e sorrimos novamente.

Contei-lhe uma passagem de Viktor Frankl (1985, p. 53), médico, psicoterapeuta, que ficou preso em Auschwitz: "Lembro-me que um dia um capataz (não prisioneiro) furtivamente me passou um pedaço de pão. Eu sabia que ele só podia tê-lo poupado da sua merenda. O que me derrubou a ponto de derramar lágrimas não foi aquele pedaço de pão em si, e sim o afeto humano que esse homem me ofereceu naquela ocasião".[2]

Muitas vezes a flexibilidade está dentro da gente.

Então, poderemos fazer-nos as perguntas: "Quem sou?"; "Que diálogo tenho comigo?"; "Quem tenho como amigo?"; "Quem sou no mundo em que vivo?".

E assim perceberemos que, sendo seres gregários e também singulares, corremos o risco de estarmos em trajetória errada, em grupos que não nos representam. Outras vezes, estamos tão exigentes com os nossos parceiros, com os nossos grupos sociais, que não paramos para tirar o proveito merecido que seria bom para todos.

Um grupo de apenas duas pessoas pode ser sim o menor grupo, mas pode ser de profundo valor e elevada sabedoria. O Um precisa do Outro, e vice-versa. No entanto, mesmo sendo algo normal, não é exatamente comum, pois poucos conseguem ver além de si. Nisso o paciente com transtorno de ansiedade percebe-se aquém de si mesmo e anseia por se reencontrar.

Depois de bons encontros individuais, o transtorno de ansiedade, embora não resolvido, já estará melhor compreendido e permitirá a quem sofre repensar a possibilidade de participar de um grupo. E, se conseguir adaptar-se à estranheza desse grupo, se familiarizando, as portas para algumas de suas superações necessárias começarão enfim a se abrir. São vários os objetivos de um grupo terapêutico, mas certamente todos deságuam na vontade de ser aceito, amparado e valorizado.

A festa maior será com outros amigos, enfrentando com certeza aqueles medos que tanto causam inseguranças desnecessárias em quem sofre de fobias, agorafobia, pânico e transtornos ansiosos. De uma forma geral, estar num grupo de "desconhecidos", porém protegido por aqueles que o convidaram, ajuda a debelar a estranheza de si mesmo, com melhor domínio e controle. Já é um grande enfrentamento, um grande passo.

Quais são os grupos sociais deste que sofre inadequadamente tais transtornos? Quais são seus medos? Medos do mundo, do outro, de si, do futuro? Será que seria suficiente descobrir quando nasceu tal pânico ou transtorno? Teria sido na infância, no medo do abandono, no medo da separação, tão comum em qualquer família?

Já sabemos que não nascemos livres, mas profundamente dependentes. Assim se estabelece o primeiro grupo de dois, a díade filho e mãe, estando presente, de forma inquestionável, o medo de ambos. Portanto, certamente é ali que as raízes dos nossos medos aparecem, mas também é ali que o enfrentamento e a coragem dão seus primeiros passos.

Parece certo que é assim, mas e agora, o que fazer com esta tal paralisação, este pavor que assola o padecente de transtornos ansiosos? Uma força centrípeta o puxa ainda mais quando este permanece só com seus diálogos internos. Logo, esse paciente precisará do outro para sua terapia. Terapia, no sentido de cura, pode e deve existir na rotina de todos nós, nos grupos de dois, nos grupos familiares, nos grupos de esportes, nos grupos religiosos e até mesmo nos grupos de psicoterapia.

Já foi dito anteriormente que "a diferença do veneno e do remédio está na dose". Claro, aquilo que pode fazer bem também pode intoxicar. Por isso, os critérios de um grupo adequado estarão ligados a fatores comuns a todos eles, por exemplo: aceitação, acolhimento, valorização. Se observarmos que as três crenças centrais, bem estudadas e relatadas pela Dra. Judith

Beck, são *desamparo*, *desvalor* e *desamor*, podemos refazer este caminho na arte do encontro, seja quando acolhemos alguém ou quando buscamos acolhimento. Mostrar-se interessado em amparar, valorizar e amar outro ser humano já o ajuda a melhorar, mas certamente deve haver adequação e ética nesses cuidados, tanto para quem busca quanto para quem se propõe a oferecê-los.

Se, de maneira humilde e humana, admitimos que nossos temores são semelhantes aos temores de nossos amigos, passamos a ter certa tolerância e um pouco mais de coragem para enfrentar o mundo. O mundo não nos condena, mas também não nos convida; somente nós podemos escolher entrar no mundo, mas para isso precisamos sair da condição de acomodação e conforto que nos cerca quando ficamos resguardados em nosso isolamento.

Ao sair para o mundo, a intenção é ser amado, valorizado e amparado por ele. Aqui poderíamos pensar se, ao invés de ter tal intenção, não seria melhor admitir que, ao querer desvendar o mundo, seria de fato necessário antes conhecê-lo, compreendê-lo e vencê-lo, uma vez que, somente após conhecê-lo poderemos aprender a amá-lo.

Parece até uma conta simples de se fazer e com resultados óbvios. No entanto, com que instrumentos saímos para conhecer o mundo senão com aqueles que estão em nossa formação e desenvolvimento psicológico desde nosso nascimento? Vamos amar conforme fomos amados. E se houve escassez de amor, amaremos com escassez?

Sabemos que quanto mais carente a pessoa se sente, mais amada ela quer ser; contudo, também sabemos que menos amável ela se importa em ser. Se, além do amor, acrescentarmos aqui o valor e o amparo que todos reivindicam do mundo, chegaremos a uma conta que não fecha. Quem não ama ou não sabe amar, mas quer ser amado a todo o custo; quem não valoriza o que é valorizável e quer ser valorizado de qualquer forma; quem não ampara quem merece ser amparado e somente se lamenta de não ser amparado torna-se um ser insaciável, inconsequente e inconsciente de seus atos.

Julgar é fácil, diagnosticar pode nem ser tão difícil, mas banalizar quem não aprendeu a amar pode ser também uma forma de desamparo. Aqui cabe o auxílio terapêutico, individual ou em grupo, pois quem não foi amado, amparado ou valorizado ao nascer, ao iniciar seu desenvolvimento existencial, independentemente das "razões" por trás, não compreenderá sozinho e sem ajuda o porquê de seus comportamentos infelizes e crenças errôneas. E, ainda pior, quando alguém, por vezes, usa desses acontecimentos ruins para obter algum "ganho secundário" de carinho, que nada tem de autêntico, confirma ainda mais a sua condição infeliz.

Isso nos leva a reflexões importantíssimas nas relações interpessoais. Quando estamos diante de quem está feliz, saudavelmente feliz, podemos compartilhar tal alegria e felicidade. Para isso precisamos amar de maneira desapegada e flexível. Quando alguém revela valores significativos e importantes, devemos aplaudir e valorizar. E para aquele que necessita de nosso amparo, precisaremos ter braços para abraçá-lo.

Nós podemos observar nossas crenças, nossas atitudes e nossos pensamentos assim como um jardineiro faz com seu jardim. Inicialmente ele retira as ervas daninhas e tenta exterminar as pragas. Podemos fazer o mesmo com os pensamentos negativos que persistem em nossa existência, por meio da observação dos erros cognitivos. Depois, o jardineiro cuida da terra, aduba, busca o solo ideal. Da mesma forma, podemos buscar atitudes saudáveis em nosso viver, evitando ou corrigindo as crenças subjacentes e intermediárias.

Vejam, por exemplo, aquele que mantém um comportamento perfeccionista ou uma crença pessimista e não faz nada para mudar. Fecha-se num círculo vicioso, e, mesmo tendo conhecimento do erro cognitivo que comete, recai sempre sobre ele, num comportamento repetitivo, com os pensamentos automáticos negativos, assim como uma terra ruim que propicia o renascimento de pragas e ervas daninhas.

Somente após extirpar o que é danoso é que finalmente o jardineiro poderá cultivar, plantar e desfrutar do jardim. O mesmo acontece conosco ao descobrirmos em nós novas crenças, mais realistas e adequadas, que podem enriquecer o nosso viver.

Aqui cabe lembrar que todo ser humano, sem exceção, direciona sua própria vida, sendo, na metáfora acima, o próprio jardineiro de seu jardim. Todavia, cabe assinalar também que muitos precisam da orientação de outros jardineiros.

NOTAS

1. Foi demonstrado que a abordagem interpessoal feita pelo terapeuta e os níveis de cordialidade, franqueza e empatia prognosticam a coesão e os desfechos e são considerados tão importantes quanto a aliança terapêutica na terapia individual.

    BURLINGAME *apud* BIELING, Peter J.; McCABE, Randi E.; ANTONY, Martin M. *Terapia Cognitivo- -Comportamental em Grupos*. Porto Alegre: Artmed, 2008, p. 23.

2. Cada qual tem sua própria vocação ou missão específica na vida; cada um precisa executar uma tarefa concreta, que está a exigir realização. Nisto a pessoa não pode ser substituída, nem pode sua vida ser repetida. Assim, a tarefa de cada um é tão singular como a sua oportunidade específica de levá-la a cabo.

FRANKL, Viktor E. *Em Busca de Sentido*. Petrópolis: Sinodal-Vozes, 1985, p. 31.

7. Terapia Cognitivo-Comportamental em Grupo: uma experiência de empatia e pertencimento

"Quando o discípulo está pronto, o mestre aparece."
Provérbio chinês

A assertividade sem perder a flexibilidade parece ser uma forma interessante de conduzir os caminhos de um trabalho terapêutico para o paciente com o transtorno ansioso. A vasta literatura sobre Terapia Cognitivo-Comportamental tem contribuído muito para o tratamento dos transtornos ansiosos. As ferramentas que esta técnica oferece, com excelentes resultados através de exercícios e tarefas tão bem fundamentados e aplicados, levaram vários terapeutas e pesquisadores desta área a desenvolverem também a Terapia Cognitivo-Comportamental em Grupos com eficácia comprovada.

A Terapia Cognitiva é capaz de elucidar equívocos cognitivos, abrindo caminho para repensarmos aqueles pensamentos automáticos e negativos que interferem e prejudicam o cotidiano do mundo moderno.

Por que trabalhar em grupo?

Há consenso que, apesar da evolução ocorrida nos últimos tempos com relação à comunicação humana, isso não resultou necessariamente em melhoras quanto à comunhão entre os seres humanos.

O ser humano é um ser gregário por natureza. Nos transtornos de ansiedade, as queixas mais frequentes estão intimamente ligadas às relações interpessoais, seja no grupo familiar, social ou profissional; todos buscam, na verdade, certa identidade. Num grupo terapêutico, a busca de identidade é de suma importância. Tecnicamente, os terapeutas procuram a identidade de cada indivíduo, tanto antes do início do grupo como no decorrer dele.

No período de maio de 2013 a outubro de 2014, juntamente com a psicóloga Sandra Lúcia Cardoso de Almeida, terapeuta cognitiva pela Associação Brasileira de Psicoterapia Cognitiva – ABPC, realizamos, em nosso espaço terapêutico, em Cruzeiro, interior de São Paulo, um grupo terapêutico fundamentado nas técnicas da Terapia Cognitiva, com excelentes resultados. Em meu caso, serviu para minha especialização e conclusão de curso de Pós-Graduação em Terapia Cognitivo-Comportamental (Instituto Brasileiro de Hipnose). Foi-nos possível realizar este trabalho com boa aprovação na conclusão do curso.

Muito se aprende no preparo de um bom projeto. O que ocorre num grupo de terapia não será muito diferente do que ocorre no grupo social. Aprender habilidades sociais dentro de um grupo terapêutico é de grande importância para o desenvolvimento das relações interpessoais que refletem na sequência da vida destes pacientes.

É evidente que nas relações mais saudáveis encontraremos modelos que nortearão caminhos. Por isso mesmo deve-se ter critérios para desenvolver grupos terapêuticos, seja nas grandes cidades ou nas pequenas comunidades. Nestas últimas, os critérios são ainda mais necessários, visto que os membros do grupo se encontram com mais frequência nas rotinas sociais da região em que vivem.

Por que trabalhar com a Terapia Cognitivo- -Comportamental?

Através de revisões bibliográficas, estudos de artigos disponíveis e pesquisas realizadas referentes aos trabalhos realizados em grupos terapêuticos, pode-se observar e, com certa segurança, afirmar a importância desses trabalhos. Utilizar a Terapia Cognitivo-Comportamental, com seus instrumentos, exercícios e tarefas já consagrados por serem práticos individualmente, pode revelar-se ainda mais eficaz em modalidade grupal, desde que realizado com as cautelas e metodologias já bem estudadas.

Nossas condutas são refletidas nas relações interpessoais. E estas mesmas condutas têm suas raízes nas relações familiares. Em nosso desenvolvimento humano, aparelhamo-nos para nossa conduta no mundo, seja na vida profissional, afetiva ou social. Nisso, o encontro em grupo pode espelhar comportamentos diversos, com boa possibilidade diagnóstica para cada participante. Os terapeutas participam diretamente através de sua própria maneira de ser, na boa forma de repensar do grupo.

A impressão que o grupo nos passava no decorrer do tempo é a de que cada um ali se elevava como pessoa. A capacidade para tal transformação vinha da essência de cada um, de uma dimensão única. Por isso, pessoas comuns se transformaram em heróis, e a ansiedade fragilizou-se, acovardou-se. Percebíamos em todos um carinho para com o grupo, que parecia aumentar a cada encontro e refletir em suas (nossas) vidas sociais e familiares.

Precisamos dar o crédito a quem merece, ou seja, aos sentimentos de respeito, aceitação, tolerância e comunhão. O Sr. A., por exemplo, relatava sua superação de antigos ataques de pânico, com agradecimento ao grupo, mas também cuidava de querer saber, a cada encontro, como estava cada um. Passou a ser o "administrador do WhatsApp" daquele grupo, mas principalmente, era generoso e cuidador de todos, assim como um mestre carismático que se revela espontaneamente.

Portanto, é necessário compreender que a TCC em grupo funcionará melhor quando as propriedades e interações deste modelo forem bem compreendidas pelos terapeutas, para que possam promover a mudança e o crescimento individual e do grupo.

Há casos em que o grupo deve ser evitado inicialmente, e sua indicação pode nem ser necessária. Abaixo, relato um caso individual que necessitou de exposição social, mas sem ser em grupo, pois acredito que isso não seria eficaz. Para que haja exposição e confronto com bom resultado, devemos obedecer a alguns critérios, e o primeiro deles é a dessensibilização gradativa e protegida.

Certa vez, um senhor, já com seus 56 anos de idade, nos procurou com uma queixa clara de fobias específicas. Dizia que o temor maior era o de usar elevador e, quando viajava para visitar a filha e as netas, o que muito o alegrava, subia os oito andares de escada, sem sequer enfrentar o tal temor, mesmo que acompanhado. Entretanto, resolveu pedir ajuda, pois ganhara uma viagem com hospedagem em cidade litorânea e turística no Nordeste. Tinha ainda alguns meses para se preparar para tal viagem, o que aumentava o temor.

Ficou claro também que, além de ser uma pessoa de bom temperamento, tinha sido um menino introvertido. Revelou que, aos 14 anos de idade, em uma festa de escola, foi atirado numa piscina, numa espécie de trote entre amigos. De roupa inapropriada, tímido e sem saber nadar, quase morreu afogado. Ao ser socorrido, ficou quieto num canto por algum tempo até se retirar dali. Outros detalhes foram sendo colhidos no decorrer dos encontros. Relatou ter medo também de passar em pontes, mesmo que acompanhado; sofre muito, mas procura disfarçar. Aliás, nos primeiros dois encontros mantive a cautela de não o confrontar em nada, apenas procurei saber de sua história. Já no terceiro encontro, pedi que "relembrássemos" do dia em que ficou sentado e assustado ao lado da tal piscina. Conforme me contava, percebia em seu semblante envergonhado uma possível raiva contida por um grande medo.

Sem consultar critérios para aquele momento, decidi pedir a ele que se sentasse num canto da sala e continuasse a contar sua saga. Assim fizemos, e sentei-me ao seu lado. Acredito que, por já sermos da mesma geração, próximos dos 50 anos, não foi constrangedor; ao contrário, parecíamos dois meninos de 14 anos. Naquele instante me pareceu propício propor a ele o início da sensibilização que havia pensado antes. Pedi que, quando fosse ao apartamento de sua filha, ficasse em frente ao elevador por um período de pelo menos 30 minutos, cumprimentando as pessoas que subissem e descessem daquele elevador, e, vez ou outra, perguntasse a elas há quanto tempo vivem ali, e perguntasse ao zelador ou porteiro há quanto tempo trabalhavam ali. Depois, subiria as escadas e somente mais tarde repetiria tal exercício. Por fim, se tomasse a decisão de subir, que o fizesse com uma companhia de sua escolha, a esposa, a filha, ou o genro, mas alguém em quem confiasse.

Fizemos esse pequeno contrato, ali no chão da sala de consulta, mas, apesar de sorrisos cúmplices de ambas as partes, ele pareceu levar a sério tal proposta.

No encontro seguinte, notei de pronto, pelo seu semblante, que algo bom tinha acontecido. Após o cumprimento inicial, perguntei-lhe se havia realizado o que foi sugerido, ao que ele respondeu que não. Disse-me que fez diferente e que não saberia dizer se teve valor, mas era visível que havia um ar de triunfo em seu semblante. Disse-me que escolheu umas músicas de que gostava em seu iPod e, com um fone de ouvido, ficou na porta do elevador, vendo as pessoas subirem e descerem, mas sem falar com elas. Pediu para que a esposa subisse com ele. No segundo dia, ainda com os fones, subiu e desceu sozinho. Enfim, comemoramos o sucesso, mas lamentei não ter tido ideia tão boa quanto a dele. Isso o fez sorrir, e pude perceber que as portas estavam abertas para outros enfrentamentos.

Nem preciso dizer que ele foi para o Nordeste com a família. Veio apenas mais duas vezes ao meu consultório depois disso, mas deixamos em aberto qualquer necessidade de retorno. Pedi consentimento a ele para usar a "técnica de enfrentamento" que aprendi com ele para outros pacientes. Ele consentiu e sorriu novamente. Concluí que nunca é tarde para ser feliz.

Então, com quem trabalhar em grupo?

Em geral, aqueles que sofrem de transtornos de ansiedade costumam ter valores intrínsecos excepcionais, propiciando um terreno fértil de mudanças. Basta lembrarmo-nos de que a ansiedade é característica natural do ser humano. Tendo isso em conta, devemos trabalhar os excessos, que são os transtornos, antigamente chamados de neuroses.

Estes, portanto, são fatores bem pesquisados que devem ser considerados como relevantes. Na escolha de cada paciente é necessário avaliar as condições pessoais de cada um, para que se sintam motivados e confortáveis dentro de um grupo, para que haja uma retroalimentação em que o grupo motive cada participante, e cada participante motive o grupo como um todo. Para isso é preciso uma avaliação individual prévia, com o máximo possível de assertividade quanto ao diagnóstico do Transtorno de Ansiedade e, tanto quanto possível, uma avaliação da personalidade dos participantes. Esta última pode ser observada na própria relação terapeuta-paciente (*rapport*).[1]

COMO TRABALHAR EM GRUPO?

Certamente, outros fatores a se observar na formulação do grupo são aqueles relacionados ao ambiente, às datas combinadas, aos horários e à duração das sessões, aliados ao material didático. Isso tudo tem grande importância, visto que um ambiente confortável e aconchegante, somado ao tempo adequado, com boa apresentação do programa, propicia um melhor andamento ao trabalho.

Destaca-se também a importância de deixar claros os objetivos da intervenção, que devem abranger a reestruturação de pensamentos, emoções e comportamentos disfuncionais relacionados ao transtorno de ansiedade.[2]

Convida-se os pacientes a tomarem posse de seus tratamentos, não ficando apenas como coadjuvantes, mas sim participativos na busca da melhora ou cura, de forma a se tornarem protagonistas dela. E se isso é feito no tratamento individual com bons resultados, observa-se que transferir tal objetivo para um contexto de grupo pode ser de grande valia. O aprendizado em grupo, o encorajamento e apoio realizados num ambiente acolhedor e protegido, a identificação de sua problemática compartilhada e o apoio dos pacientes na troca de experiências aumentam ainda mais a autonomia de cada paciente, favorecendo muito os resultados terapêuticos.[3]

Além dos convidados, os anfitriões...

O formato do grupo requer outras atenções, principalmente na escolha de cada paciente e no compromisso terapêutico. No caso da TCC em grupo, se for possível a presença de dois terapeutas, isso propiciará melhores resultados. O processo será melhor monitorado e, no somatório das experiências, todos tendem a sair ganhando, tanto os pacientes quanto os terapeutas.[4]

Quando recebemos alguém em nossas casas, passamos a ser o anfitrião. O convidado deverá ser respeitado com toda a sua grandeza e suas necessidades. O ambiente terapêutico é muito semelhante a isso, porém, passamos a ser uma espécie de anfitrião protetor, firme, assertivo, gentil e criativo. Aliás, serão essas prerrogativas que buscaremos no paciente, que muitas vezes esqueceu em si mesmo, perdidos nos recônditos mais infantis de sua alma, os seus valores peculiares, próprios de toda e qualquer pessoa.

Outra importante vantagem no tratamento em grupo, além da eficácia, é com certeza uma redução de custos para todos, sejam pacientes, terapeutas, convênios ou instituições que possam usar dessas ferramentas. O alto custo que o Transtorno de Ansiedade causa devido à disfunção de cada paciente é penoso para a sociedade e certamente para o próprio indivíduo e seus familiares.[5]

Portanto, é possível melhorar as condições de tratamento para um número maior de pacientes, levando-os a maior autonomia e desempenho em sua melhora ou cura.

Mal sabemos das resistências pessoais de cada um, mas a dificuldade que temos em aceitar este ou aquele grupo é natural e, principalmente, necessária em nossas vidas. Na prática terapêutica, observa-se tais resistências em pessoas muito doces e sociáveis. O encontro em grupo parece assustar um pouco, e isso deve ser respeitado. No entanto, em nossa experiência, aqueles que participaram apresentaram forte coesão e, principalmente, melhoras significativas.

Claro, queremos oferecer tratamento para um número maior de pacientes de forma eficaz e menos onerosa, sem descartar outros apoios medicamentosos e terapêuticos individuais para aqueles que já se encontram em acompanhamento ou para aqueles que pretendem ser acompanhados em terapia individual.

Queremos e podemos compartilhar experiências com outras pessoas em ambiente seguro e terapêutico, diminuindo o isolamento e o estigma que, em geral, acompanham os portadores de Transtornos de Ansiedade. É fundamental o encorajamento terapêutico para realizar tarefas, além de coesão no grupo mediante o envolvimento dos participantes nas discussões, incentivando e apoiando os demais, dando sugestões e vice-versa.

É uma oportunidade para aprender a corrigir erros de percepção e de avaliação pela observação do comportamento dos outros, aprendendo, com isso, a distinguir um comportamento normal em oposição aos sintomas dos Transtornos Ansiosos.

Assim aprende-se a efetivar a coesão em torno dos objetivos a serem alcançados no tratamento e, partindo da ideia do vínculo firmado, possibilitar aos profissionais e aos pacientes desenvolverem um trabalho num território conhecido e compartilhado por todos, que será, posteriormente, expandido para o mundo lá fora.

Enfim, a praticidade da abordagem da TCC obtém respostas adequadas e pode, com isso, oferecer melhorias na qualidade de vida e na recuperação da sociabilidade dos pacientes atendidos, com valorização do vínculo terapêutico, tanto na modalidade grupal como na individual.

Em grupo, os pacientes poderão comparar e avaliar com mais precisão a necessidade de seguirem em seu tratamento individual e grupal. Poderão ainda comparar a necessidade da associação ou não dos psicofármacos com a TCC, podendo participar ativamente com o psiquiatra e a psicóloga, passando a ter mais autonomia no próprio tratamento, porém, sem perder o vínculo terapêutico.

Através do grupo, o paciente poderá obter respostas terapêuticas seguras nas horas destinadas ao tratamento, por intermédio da realização de uma psicoeducação em grupo. Ao final, espera-se um avanço no crescimento pessoal de cada paciente, levando a um tratamento eficaz e resolutivo àqueles que sofrem de transtornos ansiosos.[6]

O sambista Noel Rosa nos brindou com seus poemas populares enriquecidos de um cotidiano comum a todos. Em uma de suas músicas, ele pergunta: "Com que roupa eu vou pro samba que você me convidou?". A preocupação de todos nós: saber com que roupa iremos ao encontro a que fomos convidados. É tão simples e verdadeira tal preocupação, quase não falamos disso, mas é coisa corriqueira para a maioria de nós.

Preocupações aparentemente banais nos cercam no dia a dia, sejam referentes ao que vestir, ao que falar ou com quem falar. Ou aquelas preocupações com o outro: "O que vão pensar ou falar?".

O encontro começa com um convite, mas ficaremos sempre a pensar: "Quem me convidou e por quê?"; "Quem estou convidando e por quê?"; "O quanto me quer bem?"; "O quanto o quero bem?".

Certa vez observei dois jovens que chegaram a uma festa de aniversário já começada. Com o atraso deles, os outros convidados já estavam entretidos em boas conversas ao redor das mesas. Um deles, ao chegar, acenou com a mão, dando boa noite a todos que estavam naquela sala, e, assim que pôde, se esquivou para um canto, procurando com o olhar, possivelmente, alguém com maior intimidade para se aproximar. Não percebeu que ali havia algumas pessoas que queriam cumprimentá-lo mais calorosamente. Em seguida, chegou outro jovem, um pouco mais sorridente, que, ao adentrar no salão da festa, parecia fazer questão de cumprimentar um por um que ali se encontrava, e assim o fez, parando um pouco para falar com um ou outro. Ao terminar aqueles cumprimentos, parecia que estava ainda mais à vontade, e logo foi convidado para sentar-se ao lado de um dos convidados, que lhe puxou uma cadeira.

Nos grupos sociais, tudo começa com o convite. Segue então o primeiro encontro ou os primeiros encontros e reencontros. Até que, após vários encontros e reencontros, chegamos ao tão desejado aprofundamento nas relações interpessoais. Ao chegarmos neste ponto, estamos aptos a considerar que atingimos certa comunhão e que já temos, ainda que não plenamente, um conhecimento de quem é o outro, e podemos perceber que o outro vai nos conhecendo também.

Em nossos encontros terapêuticos, damos profunda importância à hora da apresentação. Cada um se apresenta ao grupo, falando inicialmente apenas o seu nome e o que está sentindo naquele momento. Nesta hora observa-se comumente que alguns estão ansiosos, outros curiosos e outros ainda se revelam com muitas expectativas, parecendo mais pensativos. As faces, os semblantes vão se revelando entre tensões e relaxamentos, mas a busca de reconhecimento é evidente e necessária. Vamos observando o respeito, o cuidado uns com os outros. Já no primeiro encontro surge uma responsabilidade que pode ser observada no zelo entre os participantes, assim como um cuidado que se deve a certa identificação que ocorre no grupo, a qual se tornará o elo da coesão e do pertencimento.

Gostaria de citar uma primeira sessão de grupo, quando os participantes ainda não se conheciam. Na sala de espera, um folheava uma revista, mas pouco olhava para ela, pois sondava o ambiente com seus olhos ligeiros. Outra pessoa ficou em pé conversando com a secretária. Dois, que já se conheciam, ficaram numa conversa íntima. Chegou uma pessoa que se dirigiu a outra e disse-lhe sorrindo: "Você aqui também!".

Ao adentrarem a sala de terapia, se filmássemos em câmera lenta, observaríamos com certeza alguns mais ansiosos com o lugar que deveriam se sentar ou como se portar, ou, ainda, preocupados com o que falar. Nada demais nisso, aliás, essa preocupação é muito comum em nosso meio, sendo até mesmo uma espécie de cautela para não "quebrarmos" protocolos.

Em nossa cultura judaico-cristã, é de conhecimento popular a frase "os últimos serão os primeiros"; e, nesse caso, ninguém quer ser convidado a se retirar do lugar onde se sentou. Claro que não há cadeira marcada e, com o tempo, cada um vai se acostumando e "marcando" o seu lugar ali, mas a marca maior que fica é, sem dúvida, aquela da personalidade de cada um, a pessoa que vai se superando, se conhecendo cada vez mais, para tornar-se ela mesma. E se ali, no primeiro dia, no primeiro encontro, certos disfarces sociais aparecem mais que a essência de cada um, deve-se enaltecer também esses momentos, pois ninguém nasceu sabendo nem conhecendo tudo e todos.

Deixe-me esclarecer um pouco mais sobre isso. É que alguns, no primeiro dia, têm certas posturas sociais visivelmente mais adequadas e em sintonia com a situação social. No entanto, um ou outro, ao tentar certos "disfarces", procurando esconder-se em sua timidez, acaba por nos revelar um pouco dos seus medos e inseguranças. E, nesses casos, num grupo próprio e preparado, como têm sido nossos encontros terapêuticos, esses pacientes são acolhidos e protegidos. São eles também que incentivam o movimento interno de empatia nos outros.

Enfim, tudo se casa tão bem que, antes de terminar a primeira sessão, dá vontade de refazer a apresentação inicial. Mas todos, sem exceção, saem bem melhor do que entraram. Claro que mesmo assim já houve casos em que um ou outro paciente não quis voltar – raramente por timidez ou vergonha –, pois para alguns as sessões individuais são mais eficazes ou, pelo menos, lhes parecem mais eficazes, e aos terapeutas cabe acolher e ratificar ou retificar o seu pedido.

Ao citar relatos de como foi o primeiro encontro para alguns, vamos observando as diferenças e semelhanças entre nós. Seguem alguns relatos de como foram os primeiros encontros, iniciando com os relatos dos próprios terapeutas, a começar pelo meu:

> Imagino e acredito que a expectativa de todos do grupo seja aquela em que o terapeuta não precisa dizer ali como

se sente, no entanto, digo sempre o que estou sentindo; procuro perceber no centro do meu estômago se há algum "friozinho" de receio ou medo, e no início de cada grupo, ou cada sessão, "confesso" sem medo este meu medo.

A arte do primeiro encontro não é tarefa somente para os pacientes, pois os terapeutas também estão ali presentes de corpo e alma, e certamente apreensivos até o término das sessões. Compartilho, por exemplo, o relato de Sandra, psicoterapeuta cognitiva que conduziu, em parceria comigo, do começo ao fim, nosso querido e coeso grupo. Ela diz:

> Já participei de diversos grupos psicoterapêuticos como participante ou facilitadora, e até hoje tenho uma inquietação, preocupação do que/como ocorrerá. O desejo de transformação nos leva a um contato maior com os sentimentos, nos leva a certa insegurança, até mesmo numa simples apresentação pessoal. Porém, o desejo de autoconhecimento será sempre maior que o medo. Para mim, a vivência em grupo revela que, mesmo às vezes sendo uma experiência de insegurança, ela é gratificante, sempre possibilita uma identificação com os demais, numa vivência compartilhada.

Os encontros do grupo psicoterapêutico "Nós" me motivaram a estudar principalmente as práticas e técnicas derivadas dos modelos comportamentais e também avaliar os erros cognitivos supervalorizados, irreais e inválidos com mais atenção, aprendendo, assim, a me repensar de maneira mais funcional, com mais ênfase em minhas experiências internas (pensamentos, sentimentos, desejos) e flexibilidade cognitiva.

Pude observar os impactos causados pela participação vivencial em grupo somada às práticas de técnicas fundamentadas na teoria da Terapia Cognitivo-Comportamental, que levaram à potencialização do processo psicoterápico individual.

Seguem agora os relatos de pacientes:

> "Naquele primeiro encontro, senti uma mistura de desejo de aprender, com medo do que me seria apresentado. Receio de não ser aceita pelos outros e de aceitar a mim mesma. Receio de descobrir-me uma outra pessoa, diferente daquela que vejo no espelho todos os dias. Hoje percebo que me conheço melhor, sei controlar meus anseios e torná-los positivos. Sei sorrir daquilo que antes me angustiava!"

> "Cheguei aqui meio desconfiado. Eu, com problemas, como ficaria se todos que estavam também tinham problemas? Cheguei a ficar traumatizado com alguns relatos. Pensei: 'Isto não vai dar certo! Vou piorar!'. Às vezes a primeira impressão engana a gente. Aquele primeiro dia estava nascendo a minha terceira família."

> "Quando cheguei ao grupo, os primeiros participantes já estavam juntos havia mais de um ano, desenvolvendo um trabalho focado no transtorno de ansiedade. Confesso que nunca me vi ou me percebi com transtorno de ansiedade... De qualquer forma, os relatos que eu ouvia eram de pessoas que já tinham conseguido 'domar' sua ansiedade graças às orientações recebidas no grupo. Considerei que meu grande ganho seria pelo aprendizado geral. E realmente foi. Encontrei um grupo leve, acolhedor, com trocas superpositivas. Os terapeutas preocupados em passar os conceitos teóricos que sustentassem as dinâmicas do grupo. Senti que, mesmo de forma irregular, devido aos meus compromissos, eu precisava desse grupo... Não sabia claramente o porquê, mas sabia que era bom, que me fazia bem, principalmente pela qualidade dos encontros e pelo prazer da troca e convivência!"

"Sempre que me apresento para um grupo desconhecido e tão heterogêneo, a sensação é meio esquisita. Fica a impressão que se falou demais, que devo me cuidar pra não exagerar, nem me estender na fala, e no fim parece que faltou algo. Insegurança? Ou não querer se expor? Nervosismo? Não sei."

"O novo sempre assusta... e talvez o choro do primeiro encontro tenha sido o choro da mudança, mas a luta é diária, pois a vida insiste em nos colocar de frente com nossos medos, e a cada superação, uma vitória interna."

Nessas apresentações iniciais abrem-se bons caminhos para cada um ali, ampliando a aceitação e o pertencimento, que, repito, parecem ser a porta principal para a retomada da saúde desejada.

O objetivo principal é o bom envolvimento do paciente, para buscar sua melhora ou cura, através de sua autonomia e informações reajustadas com o combate às distorções cognitivas e revisões das possíveis "crenças nucleares".

NOTAS

1. Os ingredientes da coesão incluem aceitação, apoio e confiança. Assim como a consideração positiva incondicional na terapia individual, o grupo dá idealmente aos seus membros um ambiente no qual podem revelar suas emoções e pensamentos mais íntimos, sabendo previamente que o grupo oferecerá compreensão e empatia.

    BIELING, Peter J.; McCABE, Randi E.; ANTONY, Martin M. *Terapia Cognitivo-Comportamental em Grupos*. Porto Alegre: Artmed, 2008, p. 21.

2. Um ambiente terapêutico favorável e confiante ajuda os participantes a compartilharem suas crenças a respeito dos

outros. A forma como o grupo recebe essas crenças constitui fonte de aprendizado importante e muito real para os participantes. Neste sentido, o grupo de TCC é de fato um "microambiente" social que pode auxiliar consideravelmente na correção de distorções interpessoais.

BIELING, Peter J.; McCABE, Randi E.; ANTONY, Martin M. *Terapia Cognitivo-Comportamental em Grupos*. Porto Alegre: Artmed, 2008, p. 27.

3. (...) o formato de grupo permite que os pacientes troquem experiências e aprendam com a vivência dos outros membros, por meio das tarefas desenvolvidas no próprio grupo.

KNAPP, Paulo *et al*. *Terapia Cognitivo-Comportamental na Prática Psiquiátrica*. Porto Alegre: Artmed, 2004, p. 239.

4. A formação do grupo de terapia cognitivo-comportamental depende fundamentalmente de três componentes: os terapeutas, os pacientes e o grupo propriamente dito. Os terapeutas devem ter experiência suficiente, de modo que possam dar plena atenção aos pacientes e conduzir as atividades do grupo sem ansiedade excessiva (...).

Idealmente, é recomendável que a TCC em grupo seja conduzida por dois terapeutas, o que pode ser mais efetivo se um deles for do sexo masculino e o outro, do feminino. O número ideal é de seis a oito pacientes por grupo. Essa formação permite uma atenção individualizada, constante, e ao mesmo tempo não compromete o andamento do grupo em caso de abandono de algum paciente.

KNAPP, Paulo *et al*. *Terapia Cognitivo-Comportamental na Prática Psiquiátrica*. Porto Alegre: Artmed, 2004, p. 240.

5. Quando se examina o peso econômico de problemas de saúde mental, duas categorias amplas têm sido normalmente tomadas em consideração: os custos diretos e os indiretos (Dupont e cols.; Greenberg e cols., 1999). Os custos diretos referem-se àqueles sobre a utilização dos planos de saúde, incluindo consultas com vários clínicos, médicos e psiquiatras, visitas a emergências e uso de medicamentos. Os custos indiretos tipicamente se relacionam com produtividade baixa no trabalho, absenteísmo, dependência financeira (por exemplo, assistência social, seguro-desemprego), e as obrigações do profissional de saúde. Para o TAG, o custo para a sociedade, tanto o direto como o indireto, é surpreendentemente consistente (ver Koesner e cols., 2004, para uma revisão).

DUGAS, Michel J.; ROBICHAUD, Melissa. *Tratamento Cognitivo-Comportamental para o Transtorno de Ansiedade Generalizada: Da Ciência para a Prática*. Rio de Janeiro: Cognitiva, 2009, p. 31.

6. A psicoterapia visa propiciar aos pacientes o desenvolvimento de estratégias efetivas para lidarem com os sintomas da ansiedade. A terapia cognitiva e a terapia cognitivo-comportamental (TCC) têm demonstrado eficácia no TAG. Alguns estudos apresentam taxas de recuperação de até 51% após seguimento de seis meses nos indivíduos que realizaram terapia cognitivo-comportamental (Fischer e Durham, 2001). São citadas menores taxas de recaída após esta terapia (Hidalgo e Davidson, 2001).

KNAPP, Paulo *et al*. *Terapia Cognitivo-Comportamental na Prática Psiquiátrica*. Porto Alegre: Artmed, 2004, p. 209.

8. Nós e os nós da ansiedade: aprendendo a desatar os nós da ansiedade

"Se não fossem os nós, os bambus cresceriam muito, mas na primeira lufada de vento, os bambus sucumbiriam."

Provérbio japonês

Quando vemos bons grupos sociais, familiares, esportistas e tantos outros em nosso meio, fica evidente que três coisas formam um tripé para sua manutenção: primeiro, o respeito à individualidade; segundo, o respeito a certas normas intrínsecas e/ou extrínsecas de cada grupo, que poderíamos chamar de coesão; e, terceiro, o respeito aos objetivos que fazem a existência do grupo perdurar. Tais objetivos necessitam de decisões individuais e grupais.

Tomemos como exemplo o grupo primordial, que é o grupo familiar, com nomes e sobrenomes, com sentimentos fraternais de profunda intimidade e altruísmo, mas também com o risco de sentimentos de medo, ansiedade, principalmente a ansiedade de separação, tão comentada diversas vezes na relação mãe/filho. Emoções de todos os tipos, cumplicidades, compatibilidades singulares a cada grupo, mas, além disso, infelizmente vê--se os danosos jogos de poder, indiferenças, preconceitos, autoritarismo ou submissão, que são riscos possíveis e, por isso mesmo, precisam ser encarados e enfrentados para o desenvolvimento individual de cada participante deste grupo.

Daí sabermos da grande tarefa das escolas, que educam através do já posto e estabelecido, com crenças positivas que são bases para continuar o desenvolvimento daquele ser humano, mas, outras vezes, com crenças negativas arraigadas, destruidoras e de difícil acesso. Mas é justamente aí que reside o mistério da educação, que é de trazer à luz da existência a melhor pessoa que possa haver em cada ser (ser ela mesma), afrouxando as amarras das crenças negativas, para que ela possa fluir e aflorar em sua essência.

Não custa repetir que o ser humano é um ser social, embora nem de longe consiga se socializar tão bem quanto diversas outras espécies de animais, como, por exemplo, as formigas e as abelhas; mas, é no campo social, nos reflexos das relações interpessoais, que este mesmo ser se projeta, se destaca, se torna autônomo, quer dizer, se reconhece com seu próprio nome. Este ser social e individual precisará continuamente "se conhecer" e "se reconhecer", e assim o faz no melhor espelho que existe, que é o outro. Sair de si mesmo para o outro parece ser o bom caminho para retornar a si mesmo, com mais sabedoria.

Apesar de muitos protocolos e critérios para tratar de transtornos ansiosos, que, aliás, devem ser estudados com carinho, tanto por terapeutas como pelo próprio interessado (o paciente), fica evidente que o fio de ouro não está no centro dos transtornos e dos critérios, mas, sim, no indivíduo.

O encontro a dois já é um importante grupo, mas se for possível expandir a outros, teremos a pessoa com seus anseios, num grupo com seus anseios, e terapeutas com seus anseios. Ansiamos, sem transtorno, o bom desenvolvimento de nossa individualidade e sociabilidade. Assim, seguindo critérios técnicos, chegaremos à boa coesão.

É bem provável que em grandes cidades possa ser mais prático fazer grupos terapêuticos, visto a individualidade ser aparentemente maior nas grandes comunidades. No entanto, viver no interior, com a individualidade de cada um sendo mais exposta ao derredor, fica evidente que se faz necessário o uso dos critérios e técnicas no desenvolvimento deste trabalho em grupo; mas, ao final, o respeito e a coesão se fazem evidentes.

As portas da intimidade para quem vive em pequenas comunidades, como a nossa, são portas mais delicadas de serem expostas a qualquer dor, porém são estas mesmas portas que se abrem com facilidade para a comunhão. O respeito parece aqui ser o pai da coesão.

O grupo é orientado para que exposições mais íntimas sejam feitas com um dos psicoterapeutas do grupo, em particular, para resguardar o sigilo e a confiança.

Em nossa experiência, antes de iniciar o grupo, ainda na consulta individual, solicitamos a cada participante responder o questionário *Inventário de Ansiedade de Beck – BAI* (vide anexo III). Com estas respostas iniciais, fizemos um inventário de cada pessoa.

O encontro, já com o objetivo prévio de estabelecer as estratégias de psicoeducação e relaxamento, tem o intuito de obter, de forma prática e objetiva, melhor adesão, autonomia e segurança interna para cada paciente.

As reuniões do Grupo de Terapia Cognitivo--Comportamental foram e são realizadas uma vez por mês. As revisões psiquiátricas e psicológicas individuais são mantidas conforme cada caso, e as reuniões com a presença do psiquiatra e da psicóloga para realização das tarefas e acompanhamento tornam os encontros bastante técnicos.

O ideal é um número de pacientes em torno de dez, mas a flexibilidade se fez necessária e algumas vezes um número um pouco maior ou menor aconteceu e isso não prejudicou o bom andamento do grupo. Certa vez, apenas três pessoas foram a uma das sessões do grupo, pois uma das participantes perdera seu pai pouco tempo antes, e o encontro se deu com dedicação por parte de todos, nos levando a obter excelentes resultados.

A flexibilidade existe também quanto a manter o tratamento. Os pacientes são informados desde o início que podem interromper o tratamento caso não estejam se sentindo bem ou não estejam se beneficiando do mesmo. Porém, aconteceu em alguns casos de haver interrupção por causa de outros compromissos. Como já sinalizado, a psicoeducação com enfoque na TCC para o tratamento do Transtorno da Ansiedade deve ser o primeiro critério a ser seguido, assim como oferecer tarefas e monitorá-las em grupo.

O enfrentamento dos medos e das ansiedades patológicas, insisto, começa pela psicoeducação, mas requer engajamento da pessoa no processo da melhora. Portanto, seja individualmente ou em grupo, seja na terapia ou na vida cotidiana, a pessoa necessita de decisões internas e objetivos claros, ela precisa de certa disciplina e colaboração.[1]

No grupo aprendem-se técnicas de relaxamento que são práticas eficazes. Com as orientações da psicóloga, todos se beneficiam. Por vezes, pessoas do próprio grupo oferecem seus conhecimentos, que podem ser ratificados ou retificados pelos terapeutas. Certa vez, um dos participantes era também aluno de jiu-jitsu, conhecida arte marcial japonesa, e, durante aquela sessão, explicou-nos certa técnica de flexibilidade e movimento, tendo beneficiado a todos e corroborado com nosso trabalho.

Apesar de as tarefas, exercícios e questionários serem realizados como alvo importante, a atenção maior deve ser dada ao encontro em si, ao grupo com seu apoio, numa "filosofia de anticatastrofização e aceitação", por isso haverá ênfase maior no desenvolvimento do grupo.[2]

Certamente que as tarefas e práticas aplicadas com a conscientização de cada paciente terão sempre grande valor na evolução do tratamento. As sessões vão seguindo e as reavaliações e as respostas dos participantes, um a um, vão compondo um processo evolutivo de combate ao Transtorno de Ansiedade. Acrescentamos, nessa fase, o Diário de Pensamentos Disfuncionais (Anexo IV), assim como sua aplicação.

O medo e a ansiedade passam a ser vistos em sua forma universal e adaptativa, com propriedades e características tipicamente humanas, visando uma adaptação às necessidades de "fuga" ou de "ataques" tão pertinentes à nossa sobrevivência.

Com a evolução das técnicas aplicadas, a coesão esperada do grupo vai aumentando, e percebe-se a participação de todos num processo evolutivo eficaz e respeitoso entre os participantes, que a esta altura poderão estar mais empoderados em sua cura, auxiliando uns aos outros.[3]

Perguntas banais mas terrificantes na vida de todos nós têm sido: "E se eu não conseguir?"; "E se eu morrer?"; "E se eu enlouquecer?"; "E se me abandonarem?". Tais perguntas levam a mais perguntas.

Um dos momentos que mais gosto no grupo é quando a psicóloga aplica os questionamentos dos pensamentos automáticos.

O slide que é apresentado a todos é um resumo do "Questionando Pensamentos Automáticos", presente no livro de Judith Beck (*Terapia Cognitivo-Comportamental*), que levanta as questões pertinentes para uma ou outra pessoa do grupo, mas, ao final, todos, incluindo os terapeutas em seus questionamentos internos, vão alcançando uma dimensão terapêutica profunda, apesar da simplicidade das perguntas. Estas perguntas vão colocando em dúvida aquelas falsas certezas, geradoras de pensamentos automáticos negativos (Anexo V):

- Quais evidências apoiam esta ideia?
- Quais são as evidências contra esta ideia?
- Existe uma explicação alternativa?
- O que de pior poderia acontecer?
- O que você diria a um amigo que estivesse na mesma situação?

Ao aplicarmos estes questionamentos, dentro do ambiente acolhedor do grupo, propiciamos a reconstrução cognitiva, o repensar e sua prática, com o incentivo de todos os participantes.

Com as revisões de pensamentos automáticos (PA) e com os exemplos da cada um do grupo, é possível ampliar a compreensão e observar as correções de erros, favorecendo, desta maneira, a manutenção dos bons resultados terapêuticos.

A repetida realização de *feedbacks* de cada participante com relação à evolução, tanto individual quanto em grupo, fornece dados para o processo evolutivo, chegando-se à fase final com bastante maturidade. Assim, investigamos com o maior afinco possível aquelas crenças que influenciaram e influenciam negativamente o desenvolvimento psicológico de cada pessoa, como, por exemplo, crenças de "ser incompetente" ou de "não merecer ser amado", ou ainda de que é tão frágil, que "nada conseguirá". Crenças tóxicas que foram passadas por figuras parentais e/ou aceitas pela criança na mais tenra idade, e permaneceram no decorrer da vida, atuando como um freio impeditivo da evolução psíquica e social do indivíduo.

Autora de vários livros, a doutora Judith Beck nos ajuda a compreender o embate pelo qual as crianças passam, desde a mais tenra idade, para se manterem com boas crenças, já que, nessa fase, crenças positivas e negativas se misturam e se separam o tempo todo. Essas crenças centrais foram agrupadas pela doutora em *Desamparo, Desamor, Desvalor*.[4]

O conhecimento dessas crenças nos leva à busca para renová-las e, no processo grupal, o andamento não é muito diferente do processo individual; porém, chegar a esse ponto amparado pelos terapeutas, ressignificando o amor-próprio e sendo valorizado por todos os demais participantes, acaba tornando mais fácil a aceitação daquilo que não se pode mudar, ao mesmo tempo em que nos encoraja a mudar o que podemos. Nesta fase, os participantes já estão com relativo entendimento e compreensão de seus transtornos e capacidade de superação. Podem, então, compartilhar conjuntamente caminhos, tarefas, exercícios, lembretes, vivências que lhes possam ter ajudado; estabelecem, junto aos terapeutas, tarefas para o grupo ou para cada indivíduo. Essas ações devem ser, mais uma vez, retificadas ou ratificadas pelos terapeutas, conforme a evolução de cada um e do grupo.

Após o último encontro do ano, recomendamos que cada paciente tenha uma sessão individual, no período de 15 a 30 dias, com um dos terapeutas, e a avaliação de manutenção medicamentosa; a sequência de sessões individuais será questionada de forma madura entre paciente e terapeuta, visando dar autonomia ao paciente ou mesmo melhoria na qualidade de vida.

Entretanto, talvez por este trabalho ter sido realizado no interior, em um ambiente simples, a natureza tenha nos favorecido, pois realizamos um encontro de despedida e comunhão em um ambiente natural numa fazenda no alto da serra da Bocaina, com desfrute por parte de todos. No ano seguinte, fizemos novamente outro encontro alternativo, no bosque municipal, como se fosse um convescote musical, com reflexões leves e pertinentes para o momento. Todos gostaram e posteriormente revelaram tal sentimento.

No grupo, pudemos perceber o quanto os transtornos ansiosos são maléficos, mas que também não são – e não foram – impeditivos de que cada um dos membros possa evoluir. No apêndice, encontram-se dois gráficos onde pode-se acompanhar a evolução dos pacientes ao longo dos meses no período de um ano. Eles responderam ao questionário BAI (Inventário de Ansiedade de Beck), e a cada sessão esse questionário era retomado. Com o cuidado e compartilhamento de todos, foram evoluindo até o final, claro, não sem ter certa instabilidade, mas enfrentando e superando todas elas nesse ambiente acolhedor e, por que não dizer, alegre e motivador.

Seguem, nos próximos parágrafos, breves históricos de cada paciente, iniciando com o exemplo de um jovem educado, estudioso, mas bastante inseguro. Ele nos procurou com crises de pânico, assustado, ansioso além da conta, com possível crença nuclear de "desamparo", evidenciada ao longo do tratamento.

O jovem A., 25 anos de idade, solteiro, estudante, conta que, num certo dia, aos 19 anos, "do nada" teve uma crise de pânico, quando estava em sua casa, em seu quarto. Teve a sensação de que iria desmaiar, sensação de estar com pressão arterial baixa, gerando um grande mal-estar geral. Tomou água com açúcar e melhorou, porém, teve outra crise no dia seguinte. Ficou por pouco tempo sem crises, mas voltou a tê-las após consumir *cannabis sativa*. Na ocasião, teve forte crise de pânico; no dia seguinte, chorou muito e contou para a mãe, que o levou ao clínico geral, sendo diagnosticado com Síndrome do Pânico, segundo informações do paciente. A partir daquele dia, nunca mais usou drogas, mas passou a ter crises todos os dias, inclusive quando ia à academia. Fez terapia com o psicólogo de sua região, e ficou bem por um ano.

Relembra que, ainda aos 19 anos, terminou um namoro de três anos, sofreu com as indecisões sobre ficar ou não no relacionamento. Depois de um ano com outra namorada, teve outra forte crise, sentindo-se envergonhado, custando para melhorar. Diz que foi socorrido pelo sogro, que é médico. No início do ano, terminaram o relacionamento, mas voltaram e ficaram bem novamente. Revela ter grande dificuldade para lidar com situações de separação. Queixa-se de muita ansiedade e preocupações com a mãe, assim como sofre com a ausência do pai, pois é órfão desde os 5 anos de idade.

Fez uso de inibidores seletivos da recaptura de serotonina e sentiu-se melhor, mas aderiu relativamente bem ao grupo e mostrou um bom escore de superação nos meses em que o frequentou. Beneficiou-se muito ao perceber que seus sintomas estavam atrelados às dificuldades peculiares de sua vida, mas pôde ressignificar suas crenças e modificar seus pensamentos negativos e automáticos. O apoio de todos foi importante para ele. Através do sentimento de "pertencimento", sentiu-se "amparado" e passou a superar-se, modificando aos poucos suas crenças e pensamentos negativos.

Outro importante exemplo é o da Sra. B., 55 anos de idade, casada, aposentada; tratava-se para quadro de fibromialgia com reumatologista e apresentava queixas de angústia e desânimo quando nos procurou. Sofrendo demasiadamente com preocupações e ansiedades, sobretudo acerca do seu estado físico, mesmo com os exames revelando boa saúde. Trouxe vários exames de sangue, inclusive os exames de tireoide, a pedido do clínico geral, que a encaminhou para a psiquiatria. Pôde-se perceber durante o tratamento que a paciente temia que o pior pudesse acontecer com ela, pois era a cuidadora do marido, que carregava sequelas de um acidente vascular cerebral. De acordo com a paciente, o marido estava adaptado ao acontecido e não se queixava muito, mas sem ela não sobreviveria.

As incertezas do futuro recaíram sobre as incertezas de sua própria saúde e a de seu marido, por isso ficava ainda mais angustiada e intolerante. Participou do grupo com bom ânimo. O marido a esperava na sala de espera sempre sorridente. Eram bem acolhidos por todos do grupo. Ao final das sessões, apresentou, como todos, melhoras. E foi aprendendo a tolerar e aceitar as incertezas da vida e dizia que, a partir daquele grupo, sua vida foi ficando mais acertada. Portanto, aprendeu a "tolerar" as inseguranças e "aceitar" melhor a vida e a si mesma, e, apesar de ter um futuro incerto, aprendeu a "acreditar" mais em si para viver melhor o presente.

O Sr. C., 42 anos de idade, casado, vendedor, relata que sempre teve ansiedade excessiva, que "parecia que ia explodir". Em setembro de 2013, teve forte crise de pânico, diagnosticada pelo cardiologista após exames cardiovasculares. Apresentou extrassístoles, tratou-se com o cardiologista, que prescreveu propranolol. Porém, relata que a medicação provocou muita bradicardia e suspenderam o tratamento. Fez ecocardiograma e eletrocardiograma, com bons resultados, sem anormalidades. Consultou outro cardiologista, que lhe prescreveu cloxazolam 1mg/noite, considerando ser "um quadro ansioso" (sic). Sentiu-se bem com o ansiolítico. A medicação foi mantida e o paciente encaminhado para a psicóloga, e depois para o grupo de TCC.

Nos trabalhos subsequentes, este paciente nos surpreendeu positivamente, pois fazia as tarefas e exercícios propostos, e se empenhava em rever seus pensamentos negativos, descobrindo em si um homem mais realista e já não mais pessimista e assustado. Passou a ver o mundo por "perspectiva mais realista" e até um pouco mais otimista. Modificou suas crenças negativas ao aprender a desfrutar cada dia de uma vez, "permitindo-se" ser mais feliz e "confiante". Seguiu até o final do tratamento de grupo e depois, com poucas sessões individuais, pediu alta, que foi realizada e comemorada com o louvor merecido.

A Sra. D., 46 anos de idade, casada, lojista, buscou ajuda médica após ter "sentido umas coisas estranhas", além de "calores fortes"; sentia-se também com ansiedade e certa asfixia ao respirar (sic). Não tinha coragem de contar pra ninguém, mas contou para o ginecologista, que inicialmente considerou serem sintomas de menopausa, climatério. Os exames clínicos estavam normais.

Os sintomas haviam iniciado há dois anos, depois passara a ter sensações ruins, vontade de sair correndo, não conseguia ficar em nenhum lugar, sentia vontade de ficar em um quarto escuro, quieta. Com sudorese, não conseguia interagir com as pessoas, respirava fundo, mas o "ar não entrava". Dizia ter muito medo de passar mal e sofria por "antecipação", ficando mal, não conseguindo se "concentrar", conforme relato da própria paciente. Lutava para evitar que percebessem tais inseguranças, sofria muito com tal luta.

Já de início, com a psicoeducação realizada e a coesão, pôde superar tais medos e evoluiu sem grandes problemas. Deu sequência ao tratamento individual após o término do grupo. Foi modificando a crença de que "não poderia confiar em ninguém", e os sintomas foram diminuindo. Tornou-se bastante "confiante" em si mesma, no mundo, na vida.

O Sr. E., 39 anos de idade, solteiro, advogado, acreditava que teria poucos resultados, pois já havia feito diversos tratamentos, segundo relatos seus, na cidade em que vivia, próxima à nossa. De fato, tinha boas informações sobre seu estado e dizia frases como: "Sou muito ansioso, acho que não tenho mais solução"; "Sou muito perfeccionista"; "Se vou viajar, sofro por antecedência". Apresentava queixas de sono leve, além de frequentes preocupações e ansiedade. Sentia-se responsável por tudo e todos, custando para incorporar as mudanças, embora fosse o primeiro a compreendê-las.

Percebeu, ao final, que não precisaria ser tão perfeccionista, que o mundo não "acabaria" por isso. Como era de se esperar, foi até as raízes de suas crenças infantis mais temerosas e percebeu que eram somente crenças e não realidades. Compreendeu, inclusive, que sua melhora não seria perfeita, mas seria sim uma grande melhora. Sua transformação se deu ao "aceitar" melhor o mundo e a si, e, ao "compreender" a complexidade do mundo, tornou-se bem mais "flexível".

O Sr. F., 35 anos de idade, casado, arquiteto, ficava muito ansioso quando precisava tomar decisões, principalmente no campo profissional, o que levava a desgaste, estresse e cansaço. Às vezes, tomava três gotas de clonazepam à noite e melhorava (sic). Relata que sempre teve tendência à ansiedade persistente e que seu pai sempre foi muito ansioso. Este paciente parece ter se beneficiado pouco do trabalho em grupo e, no decorrer do processo, precisou mudar-se de cidade. Ele precisa de "disciplina" e mais dedicação para sua mudança, mas foi possível perceber que o mesmo carrega em si a esperança de melhoras.

A Sra. G., 46 anos de idade, relatou que há dois anos sentia com muita frequência um mal-estar geral, com tonturas, falta de ar, tremores, palpitações e calafrios. Logo no início desse mal-estar, fez vários exames de imagem, inclusive tomografia computadorizada de crânio, além de exames de sangue, todos com bons resultados, exceto o resultado alterado de tireoide, que a levou ao uso regular de levotiroxina sódica.

Comenta que há aproximadamente dois anos o marido teve infarto agudo do miocárdio, necessitou de internação hospitalar para recuperar-se, e sua genitora apresentou problemas cardiovasculares na mesma época. Comenta que isso a assustou muito. Ficou por esse tempo sem conseguir dirigir o próprio carro. Com pensamentos catastróficos e pessimismo frequentes, conseguiu manter-se em suas atividades profissionais autônomas com muita dificuldade. No entanto, conseguiu, com o trabalho em grupo, boa evolução, voltando a dirigir. Incentivada pelo grupo, vinha às sessões com o seu carro e dava carona para a Sra. N. Dizia ela que se sentiu bem com a "comunhão" e carinho do grupo, sentiu-se mais "aceita e amada", evoluindo em seu projeto de vida, tornando-se bem mais "confiante". Continuou "altruísta" como era, porém bem mais "consciente". Parece que ela pôde pensar melhor sobre si mesma, reavaliou suas qualidades peculiares e voltou a ser quem queria ser.

Um bom exemplo foi o da Sra. H., 35 anos de idade, casada, bancária. Iniciou a consulta dizendo que veio por conta própria, pois estava com tremenda exaustão, desde o nascimento do filho de 3 meses. Desanimada, com medo, sentindo-se péssima, desesperada, e com o temor de não conseguir cuidar do filho, embora revelando ser uma mãe cuidadosa, não conseguia se desprender da ideia de que não conseguiria corresponder à tamanha expectativa (ansiedade antecipatória).

Seu ginecologista lhe prescreveu paroxetina 10mg/dia, com pouca e relativa resposta terapêutica. A dose foi revista e passou para 20mg/dia, visto que a paciente já não estava em aleitamento materno. Houve o encaminhamento para psicoterapia/TCC com a psicóloga. No retorno, já apresentou boa melhora e engajamento terapêutico. Foi encaminhada ao trabalho de grupo para Transtorno de Ansiedade, com boa aceitação e disposição para isso. Não pôde ficar até o final do nosso trabalho e nem foi necessário, pois teve que retornar às atividades profissionais. Estava ótima e feliz com a maternidade. Fez as pazes com seus valores internos, e ao ser "amparada e amparar", ao ser "valorizada e valorizar", fez disso um bom espelho e retomou o seu bom caminho.

O Sr. J., 42 anos de idade, casado, eletricitário, contou-nos ser extremamente "ansioso", o que o levou a iniciar um tratamento com escitalopram 10mg/dia, com um médico de sua cidade, em 2010. Apresentou, na época, crises de "pânico", além do quadro frequente de Transtorno de Ansiedade. Fez vários tratamentos com outros profissionais, apresentando relativa melhora, fazendo também acompanhamento com psicóloga nessa época. Manteve-se estabilizado em 2011 e 2012, porém sempre com quadro de "ansiedade persistente". No início de 2013, apresentou uma única crise de "pânico", porém mencionou receio de ter outras crises e que, por isso, ficava monitorando a respiração e os pensamentos em várias situações.

Conseguiu bons resultados com o conhecimento da Terapia Cognitiva, pois já não fica tão obsessivo se monitorando, e agora consegue ficar tranquilo, com bons pensamentos. Contou, de forma feliz, que, em plena cadeira do dentista, usou as técnicas de relaxamento e respiração, reviu seus pensamentos negativos e os monitorou com o conhecimento adquirido, conseguindo um bom intento naquela consulta odontológica, se superando e ficando muito satisfeito com isso.

Numa das sessões, sugeriu ao grupo que cantassem a música *Sol*, da banda Jota Quest: "Ei, medo! Eu não te escuto mais, você não me leva a nada". Todos cantarolaram e gostaram. Foi um momento de excelente coesão. Ele melhorou com disciplina, mas também com "flexibilidade" e "tolerância" a certas frustrações em seu trabalho, passando a ter pensamentos mais realistas e menos pessimistas, levando ao quase desaparecimento daqueles pensamentos negativos automáticos.

A jovem K., 25 anos, solteira, consultora comercial, iniciou a consulta com queixas de estresse. Mencionava preocupações e ansiedade que a levavam a sentir-se com palpitações, falta de ar, sudorese e dores no peito. Examinada por um clínico geral, não apresentou alteração clínica, sendo encaminhada para psiquiatria. Apresentou também, no início do ano, quadro de alopecia, tratando-se com dermatologista, que considerou ser de "fundo emocional" (sic) da paciente. Fez uso de corticoide de uso tópico. Também lhe foi prescrito clonazepam nessa fase, porém relata pouca melhora dos quadros de estresse e alopecia. Comenta que, além de ansiosa e estressada, é com frequência perfeccionista, situação que agrava ainda mais o transtorno ansioso. Com o engajamento no grupo, a jovem sentiu-se mais segura, cuidando melhor de si; percebeu-se mais "flexível" e menos exigente. Passou a monitorar melhor seu tempo, diminuindo o estresse. Nesse período, a alopecia areata, que possivelmente estava ligada ao quadro de estresse, também diminuiu a ponto de quase desaparecer.

Por último, segue um relato da Sra. N.: "Eu tinha pensamentos catastróficos e não via solução, imaginava que sempre seria uma tragédia, cada problema era um monstro...".

Abaixo, segue também uma conceituação cognitiva dessa paciente, desde as suas mais antigas crenças:

1. Dados relevantes de sua infância: ansiedade de separação, pai exigente, mãe insegura e medrosa.
2. Crenças centrais: "Sou frágil"; "Sou incompetente".
3. Crenças condicionais: "Se eu for avaliada, serei rejeitada; se evitar a avaliação, ficarei bem".
4. Estratégias compensatórias: "Evitações sociais, compensação com muito trabalho e preocupações exageradas".
5. Em situações sociais inevitáveis, como ir a um casamento, por exemplo, logo vinha o pensamento automático: "Serei avaliada e rejeitada".
6. Se tivesse que viajar de avião, vinham-lhe pensamentos automáticos de que iria morrer.

Com tais conceituações, pôde perceber que não precisava sentir-se tão insegura. Percebeu também que era bem mais forte do que pensava. Nesse período do grupo, viajou pela primeira vez de avião, a passeio. Depois nos contou sobre outra viagem realizada, com um pouco de medo novamente, mas relembrou do quanto as tais "catastrofizações" eram frutos de pensamentos automáticos vindos das crenças negativas. Então, nos disse: "Respirei fundo, olhei ao redor e vi mães com seus filhos, brincando ou sorrindo muitas vezes, felizes por estarem passeando". E, com isso, disse-nos que repensou: "Eu sou capaz, eu mereço e posso ser feliz". Ao dizer isso, sorria e o grupo a aplaudiu com muita satisfação. Sentiu-se muito bem e disse: "Hoje com a terapia consigo ver a realidade e tenho sempre a certeza de que o monstro não é do tamanho que a ansiedade me fazia sentir".

Portanto, a busca da superação, com flexibilidade, altruísmo, aceitação, confiança, disciplina, comunhão, dedicação e pertencimento, pode ser resgatada por todo e qualquer ser humano que sofra desse transtorno.

Notas

1. O tratamento bem-sucedido da TCC dos Transtornos de Ansiedade ocorre empregando-se a educação do paciente, as estratégias de enfrentamento, a exposição e a reestruturação cognitiva.

    SUDAK, Donna M. *Combinando Terapia Cognitivo-Comportamental e Medicamentos: Uma Abordagem Baseada em Evidências*. Porto Alegre: Artmed, 2012, p. 197.

2. Há três aspectos da educação do paciente que são importantes na terapia cognitiva para ansiedade. Primeiro, os indivíduos frequentemente têm concepções errôneas sobre ansiedade e, portanto, uma discussão sobre o medo e a ansiedade deve acontecer com relação às vivências pessoais do paciente. Segundo, uma explicação para a manutenção da ansiedade deve ser fornecida de maneira que os pacientes possam facilmente entender e aplicar à própria situação. Terceiro, a justificativa

lógica do tratamento cognitivo deve ser esclarecida, a fim de que os pacientes colaborem totalmente no processo de tratamento [...]. A educação do paciente começa na primeira sessão e será um ingrediente terapêutico importante nas sessões iniciais.

BECK, Aaron T.; CLARK, David A. *Terapia Cognitiva para os Transtornos de Ansiedade: Ciência e Prática*. Porto Alegre: Artmed, 2012, p. 195.

3. A TCC-G (Terapia Cognitivo-Comportamental em Grupo) tem três componentes primários: exposição na sessão, reestruturação cognitiva e tarefas de casa. As exposições na sessão consistem na parte central do tratamento, com as intervenções cognitivas ocorrendo antes, durante e depois de cada exposição. Após as primeiras sessões, a tarefa de casa será ministrada de acordo com a exposição realizada na própria sessão. Do mesmo modo, os pacientes também são solicitados a realizar a reestruturação cognitiva antes, durante e depois das exposições *in vivo*.

KNAPP, Paulo *et al*. *Terapia Cognitivo-Comportamental na Prática Psiquiátrica*. Porto Alegre: Artmed, 2004, p. 238.

4. Quando as crianças lutam para entender a si próprias, aos outros e aos seus mundos, elas desenvolvem conceitos organizados em suas mentes. Elas ativamente procuram significados e continuamente acomodam novos dados nos esquemas ou modelos existentes. Quando a experiência infantil é vista negativamente, as crianças, normalmente, atribuem qualidades negativas a si próprias. Se elas têm muitas experiências positivas, elas podem se ver sob uma luz negativa em alguns períodos, mas elas basicamente acreditam que estão bem: razoavelmente eficientes, merecedoras de estima e têm valor. Se elas não

pensam assim, elas podem desenvolver visões negativas de si próprias, de seus mundos e/ou de outras pessoas.

BECK, Judith S. *Terapia Cognitiva para Desafios Clínicos*. Porto Alegre: Artmed, 2007, p. 32.

9. Nós e o destino: aprendendo a ser livre

"O homem livre é senhor de sua vontade e escravo de sua consciência."
Aristóteles

Somos realmente livres para decidir sobre nossos rumos ou estamos cerrados num mundo predeterminado pelo destino?

Quem sofre de transtorno de ansiedade por certo será mais fatalista do que aquele que não sofre de tal transtorno. No entanto, isso não o protege nem o livra de um destino fatal e nem lhe garante um destino seguro. As dúvidas e certezas fazem parte de ambos, tanto daquele que sofre de transtorno de ansiedade como daquele que não sofre. Enfim, todo ser humano experimenta, em seus pensamentos e em suas ações, as dúvidas e certezas que foi acumulando durante a trajetória de seu viver.

As incertezas, apesar de serem mais comuns nos pacientes com transtornos ansiosos, não são "patrimônio" somente deles, e todos temos um pouco disso. Sempre que posso e considero conveniente, compartilho com os pacientes uma frase que uso em meu dia a dia, quando também sou acometido por dúvidas ligadas a um futuro temeroso. Penso na frase "Não vos inquieteis com o dia de amanhã, pois já basta a cada dia o seu próprio bem e mal", e a uso para silenciar um pouco a intolerância com as inseguranças sobre o futuro. Com esse recurso, podemos abafar, em certo grau, o exagero das dúvidas. Mas também penso e uso outra frase, que pode servir de alerta e cautela contra certezas frágeis: "Vigiai, vigiai, nunca se sabe quando o ladrão chegará". Nem tanto ao céu, nem tanto ao mar.

Não se deve demorar demais para tomar decisões nas situações de escolha, nem se deve temer demais, pois isso paralisaria nossas ações. Da mesma forma, a precipitação, a falta de cautela, a ausência de medo e de ponderação devem ser evitados, pois são riscos imprudentes e nada realistas.

A ansiedade é nossa aliada nas situações de escolha, sejam as pequenas escolhas, como a roupa que vou escolher, as ruas que vou seguir, os amigos que vou procurar; assim como também é importante aliada em nossas escolhas maiores, naquilo que vai se tornando nosso destino, como, por exemplo, que profissão seguir, com quem seguir, como seguir. E, acredito, haverá sempre um teor de ansiedade em querer ser um pouco melhor do que se é. Nisso, insisto, reside uma boa ansiedade. Se houver exagero, certamente se chegará ao fatalismo dos que sofrem transtornos perfeccionistas, aqueles que ditam regras absolutistas para si mesmos: "tenho que ser melhor", "sou obrigado a ser melhor do que sou". Com certeza correrão o risco de passar a vida toda destinados à tentativa de serem semideuses, tão cegos quanto o destino em si e com um fracasso garantido.

Ninguém é totalmente livre, ninguém é totalmente preso. Ansiamos sempre por preservar o nosso livre-arbítrio.

As questões com referência ao destino são tantas e vêm sendo discutidas no decorrer do tempo tanto por filósofos como por pessoas comuns, embora saibamos que este é um assunto delicado. Muitos procuram ignorar tais questões, e outros aceitam pensamentos prontos sem qualquer questionamento, numa espécie de resignação acomodada, possivelmente para evitar qualquer tipo de ansiedade. Entretanto, é justamente assim que acabam se atirando num destino frouxo e sem sentido. Ao evitar pensar, ao evitar colocar em dúvida tais pensamentos, por vezes de forma radical, bebem de uma única fonte, sem ao menos querer conhecer outras fontes para melhor saber sobre o assunto, e ficam como uma folha ao vento, que segue de forma desgovernada, perdendo o norte de suas próprias vidas, fazendo desta "não escolha" uma inocente e perigosa opção.

Resta saber se, de fato, o mundo, o nosso mundo, está sendo influenciado por ideias tanto na esfera social como na esfera pessoal. Se assim for, devemos todos rever os pensamentos que interferem em nosso destino.

Afinal, o que pensamos do destino?

Na mitologia grega, o Destino era um deus cego, filho do Caos e da Noite e carregava em suas mãos a urna fatal que encerrava a sorte dos mortais.

Mas será mesmo que o destino é um deus cego?

Certamente, encontraremos entre nós pessoas mais resignadas, e, em se tratando de aceitação, sem questionamentos; elas podem deixar de tecer a própria vida, permitindo que as linhas do destino conduzam seus caminhos.

Mas se o caminho individual é feito de aprendizagem, assim também é o caminho da humanidade, que segue por essas estradas de crenças, ideias e filosofias desde os tempos mais primitivos, passando por todo tipo de influências, até a nossa época, na qual não há como negar a miscelânea de informações que levam a humanidade a seguir um zigue-zague tão cego quanto o Destino dos gregos.

Fica a questão: o destino estaria de fato no comando? Ou a crença de que ele esteja no comando acaba por ser outro comando regulador de nossas vidas, que nos fecha num círculo vicioso e nos tira o poder da própria autonomia? Estaríamos dando mais asas para este servo destino do que ele verdadeiramente merece? E qual seria o risco de isso acontecer? Então vejamos: o homem com essas crenças fica à mercê do determinado e imutável destino e fica tão submisso que nada pode fazer, permanecendo em um conformismo perigoso. Isso não só se deu em tempos remotos como continua a acontecer nos dias de hoje, com muitas pessoas que distraidamente não procuram a bússola do seu ser.

Forças inexoráveis, a alma, a inteligência, a vontade, o bem, o mal, a natureza, o homem, os instintos e tantas outras, podem ser o fio da meada para se compreender o livre-arbítrio; ou, ainda, serem o ponto de discórdia para se enredar em um nó cego sem saída ou, ainda pior, seriam a justificativa para se cruzar os braços e se "defender" da responsabilidade da vida, ou seja, de se escusar da responsabilidade que a vida lhe cobra e culpar o mundo, "responsabilizando" a vida e o destino por tudo que lhe ocorre de bem ou de mal.

O ser humano é livre quando responde à vida, pois assim trabalha ativamente tecendo-a, e, com o fio da meada nas próprias mãos, passa a ser também o construtor de um mundo melhor.

Além da inteligência para tomar decisões, o homem possui vontade em suas decisões. É um ser que a todo instante pode escolher; aliás, é um ser que vive escolhendo, e, mesmo quando não escolhe, existe nesta não escolha sua decisão de não ter escolhido, existe aí sua própria vontade. Nisso reside também sua liberdade, a liberdade de poder fazer ou não o que quer, o que deseja. Esta é a luta do ser humano, a eterna luta que o prende ou o liberta, que o angustia, mas que poderá impulsioná-lo para frente.

Estamos sempre diante de portas a serem escolhidas, a serem abertas, e, na medida em que as abrimos, fazemos nossas escolhas, decidimos, tornarmo-nos libertos e responsáveis até o próximo instante que nos levará a outras portas, outras dúvidas, sempre com a necessidade de continuarmos livres através das escolhas. Assim, vamos dando um passo de cada vez, como quem vai tecendo cada uma das partes de algo que somente ao final possibilitará a compreensão de se ter realizado todo o trabalho, toda a missão e concluído o tecido, formando a colcha final que dará sentido à vida.

E essa busca, essa ansiedade de ser livre e fazer parte do próprio destino, mesmo que parcialmente, é decisiva no transcorrer da existência, mas não há como negar que ela gera angústias, medos, ansiedades. É outra escolha também a de evitar exageros, e para isso é preciso refletir. Talvez aqui caberia bem o pensamento oriental de que "a vida não é um problema a ser resolvido, mas um mistério a ser desvendado".

Jamais esquecerei de uma das intervenções terapêuticas que fiz, há mais de dez anos. Mãe e filho viviam, naquele período, um grande dilema, com divergências gritantes entre eles. Aquela senhora ficara viúva naquele mês. O jovem perdera o pai, justamente no período entre o exame que fez para a tão sonhada faculdade de medicina, pela qual ele sempre teve inclinação e desejo, como revelara em sua história. No entanto, este jovem resolveu adiar a faculdade. Decidiu deixar a universidade para permanecer com sua mãe e irmãos. Arriscaria fazer outro exame no ano seguinte, apesar da falta de qualquer certeza, mas foi assim que se posicionou.

A mãe sentia-se ainda mais angustiada com a decisão do filho, pois lhe parecia que o destino lhe traçara um fracasso marcado. Com a sensação de que este destino a havia desamparado, procurou então, em seu desespero, um auxílio profissional para mudar a postura e a atitude do filho. Desta forma o impasse passou a ser dos três: mãe, filho e terapeuta. As dúvidas que pairavam no ar eram principalmente da mãe. O filho estava seguro em sua decisão e buscou naquele auxílio mais apoio e compreensão do que orientação sobre o que fazer. A compreensão certamente se estendeu a todos. Apenas pude fazer aquela mãe ver quanta grandeza havia na atitude de seu filho. E se um dia ele viesse a ser um profissional que cuidaria de outros seres humanos, poderíamos antever a semente de tal missão a partir da atitude que tomava naquele instante.

Aquela foi uma única consulta, um bom encontro. Quaisquer certezas que se estabelecessem naquele tempo seriam apenas desejos e não fatos. Um ano se passou e recebi a visita deles, com a boa notícia de que o rapaz iniciaria a desejada faculdade, pois fora classificado novamente em outro exame realizado. Sete anos depois daquele primeiro encontro, recebi o convite de formatura daquele bom e dedicado jovem.

O ser humano consciente de si mesmo torna-se livre e responsável, e, consequentemente, torna-se realizado. Outras vezes, o homem toma caminhos errados, aceita crenças equivocadas que o levam a um beco sem saída, e, se sentindo impotente e prisioneiro do destino, acaba por aceitar "sua sorte" ou "má-sorte" como algo imutável ou incompreensível.

Pensadores influenciaram a humanidade, e, assim sendo, influenciaram o destino, mesmo quando acreditavam que tal destino não poderia ser influenciado. Existem aqueles que acreditam que leis fixas estariam governando nossas vidas, que tudo depende de tais leis e que nossa capacidade de autodeterminação não é nada perto do determinismo predominante no universo. Isso é algo desolador, perigoso, que nos atira no fundo de um poço abandonado e nos transforma em seres acomodados, descrentes, verdadeiros pessimistas com ares de realistas.

Acreditar num determinismo fatalista é o mesmo que cruzar os braços diante de uma porta, afirmando que ela nunca se abrirá, e, desta forma, com os braços cruzados, de fato a porta não se abre, levando a pessoa a confirmar a própria crença (ou descrença), continuando em sua tola cegueira, obedecendo às leis de um destino inflexível.

Se, por um lado, há aqueles que põem nas mãos do destino todo o poder de suas vidas, há também aqueles que creem não haver no destino nenhum poder e que tudo depende de sua própria criação. Nisso se configura um pensamento megalomaníaco, solipsista, onipotente e perigoso, pois, se não podemos perder de vista a nossa capacidade criadora, também não devemos negar nossa condição de criaturas, nossa peculiar humildade, nossa condição de húmus, nossa marcante humanidade.

Marcante também foi desvendar a crença de desamparo diagnosticada no decorrer de algumas sessões, realizadas por meses, referentes a uma jovem mulher que, ao se consultar, queixava-se com frequência do medo de ser abandonada, mas também acreditava piamente não ter tido a "sorte" de encontrar pessoas confiáveis. Ela sofria com a desconfiança e a insegurança, mas sofria ainda mais com o rancor e os ressentimentos que nutria por quem lhe "abandonasse". Percebia a carência exagerada, mas não sabia o que fazer para minimizar tal sofrimento. Encontrava conforto no amor de seu filhinho, uma criança de 3 anos de idade, fruto de um relacionamento que não vingou. Revelou certa vez que, quando criança, com pouca idade, era colocada para fora de casa pela empregada, que a deixava chorando por horas ao lado da porta de entrada, enquanto não terminasse os afazeres domésticos. Os vizinhos perceberam e denunciaram os repetidos e traumáticos acontecimentos para seus pais, que promoveram sua proteção, mas a marca já estava feita.

A paciente não tem memória (consciente) sobre isso; nesses casos, sabemos que se trata de memórias viscerais (inconscientes) que ficam registradas. Nesse caso, a crença nuclear de desamparo era tão evidente que a prendia numa conduta repetitiva de impulsividades e desesperanças, deixando a impressão de que não saberia como se desatar das amarras de um destino ruim.

Mas o destino que lhe causou danos pôde ser domado e transformado, pois, na sua condição de genitora, tem encontrado na maternidade a chave para rever seu livre-arbítrio e, ao se perceber tão boa mãe, percebe-se amorosa. Com isso, está conscientemente aprendendo a amparar-se em seu amor--próprio e decidindo seu destino.

Eric Berne, criador da Análise Transacional, refere-se ao destino subdividindo-o em quatro: "As forças do destino são quádruplas e amedrontadoras: programação parental diabólica, sustentada pela voz interna que os antigos chamavam de Daemon; programação parental construtiva, auxiliada pela confiança na vida, denominada Phusis; forças externas, conhecidas ainda hoje como Destino; e, finalmente, as aspirações independentes para as quais os antigos não tinham um nome humano, uma vez que essas eram privilégios dos deuses e, em especial, dos Reis" (BERNE, 1991).

Não precisamos ser reis para termos aspirações e decisões autônomas. Poderemos nos fortalecer sem, contudo, deixar de compreender que por vezes somos direcionados por forças que não são aquelas que predeterminamos ou escolhemos. O destino cego tem sido a grande incógnita para os filósofos.

Enfim, onde está o livre-arbítrio? No conhecimento, na razão, na vontade, na alma, nas crenças? De fato, é difícil saber onde está o livre-arbítrio. Porém, mais importante que isso é saber que temos a condição de escolher, temos a liberdade de escolha arraigada em nosso viver. Tomar uma posição diante da vida é, na verdade, um convite que, mesmo que cause um pouco de ansiedade, nos leva a certa liberdade.

É óbvio que se fazem necessárias tais reflexões, mas também é óbvio que, diante de tudo o que foi dito, com muitas reflexões, podemos cair na armadilha dos exageros, gerando a angústia e o risco de passarmos para o lado ruim dos transtornos ansiosos. Com uma boa reflexão, podemos perceber que o destino, o nosso destino, já não é tão cego. Precisamos de atenção diante de qualquer possível influência, sim, mas também não podemos esquecer que exercemos influências tanto a nível pessoal como social.

Basta voltarmos os olhos para a história da humanidade e veremos que, de tempos em tempos, as verdades aceitas como "concretas" desabam feito castelos de areia. Por isso precisamos de coragem e atenção para que possamos construir em nosso tempo de vida, através de uma consciência mais clara possível, a serenidade de quem verdadeiramente busca repensar a vida e o seu sentido.

O professor dr. Philipp Lersch, em seu livro *La Estrutura de La Personalidad* (ed. Scientia), descreve "os sentimentos do destino", sendo eles: "a espera", "a esperança", "o temor do futuro e a preocupação", "a resignação" e o "desespero". Ora, sem querer entrar em pormenores, podemos ver que, diante do destino, experimentamos diferentes tipos de sentimentos, o que nos leva a crer que temos vários caminhos, que não estamos perdidos numa vereda sem rumo ou numa rua sem saída, e que a escolha, mesmo diante do inevitável, é e sempre será uma possibilidade humana.

Descartar tal possibilidade seria o mesmo que desperdiçar nossa mais nobre humanidade. E, se fizermos um paralelo com a Terapia Cognitivo-Comportamental, que nos remete a repensar os "pensamentos automáticos negativos", refazendo pensamentos realistas e eficazes, ficaremos mais fortalecidos diante do destino, estaremos "conduzindo a própria nave" e confirmaremos que a nossa vida não é totalmente determinada pelo destino, mas, ao colocarmos em ação as nossas escolhas, o nosso livre-arbítrio, faremos nossa parte nessa história. Cumpriremos com nossas aspirações independentes, e, assim como muitos pensadores nos indicaram caminhos a serem seguidos, passaremos a ter nas mãos o leme de nosso barco, que é nossa própria vida, refletindo em nossas atitudes ou, como diria um terapeuta cognitivo, nos nossos pensamentos renovados.

Somos livres sim! Porém, é necessário saber que a liberdade exige uma decisão pessoal, uma vontade ética e lógica, assim como deve-se compreender que tal liberdade é finita. É finita no tempo, pois somente temos o agora para viver. Não é mesmo? Mas também a liberdade é finita no espaço!

Há uma antiga e verdadeira frase que diz: "Minha liberdade termina onde começa a liberdade do outro". Se aquele pessimista considerar isso uma prisão, será ele o carcereiro e prisioneiro do mesmo pensamento. Porém, se com as chaves nas mãos considerar que essa condição é uma fresta de liberdade, poderá, ao respeitá-la, sentir-se livre, ético e lógico.

Devemos fazer a reflexão filosófica de Jean-Paul Sartre, que afirma: "O homem está condenado a ser livre". E se aqui pudéssemos questionar o filósofo, poderíamos perguntar: "Condenado por quem?".

Se não conseguirmos resposta absoluta para tal questão, podemos então fazer cada qual sua própria reflexão. Uns podem, por exemplo, considerar que tal "condenação" é, na verdade, a liberdade essencial herdada da transcendência misteriosa e inexplicável que nos envolve como seres diferenciados neste mundo complexo em que vivemos. Outros podem refletir, de forma mais prática, que essa tal "condenação" é condição humana e consciente para trazer a liberdade, o livre-arbítrio, à nossa existência. Mas é inegável que a condição de escolha (o livre-arbítrio) é a chave da responsabilidade em nossa existência.

Enfim, somos livres. Poderemos redirecionar nossas escolhas com crenças renovadas e realistas e superar transtornos de ansiedades que estão ligados à dose exagerada de um remédio perfeccionista e extravagante; remédio este que nós mesmos receitamos, e no qual nós mesmos exageramos.

10. Nós e os nós: o que fazer?

> *"Quem nunca se aventurou, não perdeu, mas não ganhou."*
>
> Provérbio popular

Depois das diferenciações teóricas e da observação dos exemplos do grupo, este é o momento de você, leitor, aplicar essa discussão em sua própria vida. Para isso, deixamos o seguinte roteiro, o qual também pode ser usado com pacientes, no caso de você ser um terapeuta.

Inicie pelas seguintes perguntas:

1. Que nó é este?
2. Para que serve?
3. A quem pertence tal nó?

A resposta será o mapa de cada um, uma espécie de *Waze*, teleguiado por si mesmo, num diálogo interno renovado.

Primeira: É o nó da insegurança, do perfeccionismo, do pessimismo, das excessivas preocupações que o conduz? Somente você poderá responder isso, mas é preciso chamá-lo de nó, sem dó!

Segunda: É um estorvo em seu viver, causa prejuízo em alguma área, seja pessoal, social, profissional?

Terceira: Esse nó é seu ou ele foi passado para você? Se é seu, você está disposto a mantê-lo por apego ou prefere abandoná-lo em nome da liberdade de escolha?

Outras três perguntas, colocadas na primeira pessoa do singular, para serem feitas no solilóquio de cada um:

1. Posso me afastar deste nó agora?
2. Quero me afastar deste nó?
3. Convém que me afaste?

Primeira: Se o nó é o perfeccionismo, por exemplo, o indivíduo poderá aceitar uma derrota deste entrave, e claramente a derrota será seu poder de barganha: "Posso perder aqui e agora"; "Perdi porque quis"; "Pude perder para ser o vencedor". Aqui a flexibilidade perdeu para a rigidez, mas foi a rigidez que se trincou.

Segunda: A insegurança, por exemplo, num caso de esquiva social. Exemplo de situação: a pessoa quer ir a uma festa ou está pensando se quer ou não, mas, em seu diálogo interno, a esquiva – que é seu nó – faz com que ela não queira querer ir, desejando se isolar. São dois nós, portanto, o da insegurança e o do isolamento. Qual deles você quer mais? Se não conseguir decidir, volte para o primeiro passo e verá que pode.

Terceira: É conveniente manter-se nesse velho esquema de vida ou será mais conveniente afastar-se dos antigos padrões que o prejudicam? Por exemplo: aqueles pais superprotetores, que ficam "controlando" os passos dos filhos como se sem isso o pior fosse acontecer, a despeito das inúmeras comprovações da inutilidade de tais exageros. Se o nó aqui é o exagero, afastar-

-se dele seria conveniente para melhorar o amor fraterno e a confiança mútua, o que mudaria completamente o padrão.

As próximas três perguntas são tentativas de refazer o mapa e reencontrar o rumo quando o abandono do tal nó ainda não foi possível:

1. Posso aceitar a convivência com o nó?
2. Quero conviver com ele?
3. Convém aceitá-lo e por quanto tempo?

Primeira: Num transtorno de ansiedade generalizada, após percorrer por muito tempo diversos anseios e medos, as pessoas passam a amenizar, em seu diálogo interno, aqueles temores e passam a conviver com eles. Quem tem transtorno obsessivo-compulsivo, por exemplo, fica bem satisfeito quando aprende a conviver apenas com pequenas superstições, diminuindo os exageros das obsessões e compulsões, mas aceitando, em seu tempo, que a mudança ainda demorará. Por vezes, essa aceitação será um acelerador da mudança. Aqui é como se o mapa mostrasse o caminho, mas indicasse que a estrada é íngreme e requer velocidade controlada, uma chamada para a aceitação; parar no meio do caminho, no entanto, provocaria desesperança.

Segunda: Querer conviver com o nó parece masoquismo, e, em certos casos, realmente é. No entanto, a ansiedade exagerada, por exemplo, de ver um filho crescer e se realizar sem qualquer tropeço parece com o estúpido sonho do pai de Sidarta Gautama, o Buda. Seu pai, ao tentar impedi-lo de vivenciar qualquer tipo de pobreza, acabou atirando-o na miséria, e somente depois percebeu que era ali, na verdade, que seu filho encontraria a verdadeira riqueza: a aceitação e iluminação. A aceitação aqui terá que ser muito bem compreendida. Também não é questão de querer aceitar qualquer coisa. Muitas vezes, é preciso refletir se estamos compreendendo e aceitando.

Terceira: Convém aceitar nós? Convém aceitarmo-nos? Ao falarmos de nós, seres falíveis, elucidamos a ideia de que, na jornada da vida, a aceitação será a bússola, mesmo que no período final da trajetória. A aceitação pode ser ouro, se vier com sabedoria. Aceitação não é concordância, aceitação é uma saudável compreensão. Por diversas vezes o outro nos pergunta: "Você me compreende?". E revelamos de imediato a nossa discordância, afastando-nos da compreensão reivindicada pelo outro. Ora, se com calma e atenção, ao escutá-lo, pudermos dizer: "Sim, te compreendo", isso irá gerar mais coesão e uma postura de escuta melhor. Se, por outro lado, for necessário dizer: "Te compreendo, mas não concordo com você", isso não será um susto, mas um alerta, e então o outro nos escutará; mas, para isso, é preciso falar com sabedoria e respeito.

E, quase chegando ao ponto final do mapa, teremos a mais difícil reflexão, com as três perguntas cabíveis para esta etapa:

1. Posso mudar para melhor?
2. Quero mudar para melhor?
3. Convém mudar para melhor?

Primeira: Você pode mudar. A possibilidade de mudar é intrínseca a cada um. É a liberdade de escolha.

A frase de Huberto Rohden é esclarecedora: "A felicidade não existe fora de nós, onde em geral a procuramos, mas dentro de nós, onde raramente a encontramos". Se a busca for interna, ficaremos melhores. Se for externa, estaremos melhores. A primeira condição é passageira, enquanto a outra é definitiva.

Segunda: Querer mudar apenas por querer não costuma dar certo, basta observarmos aqueles que sofrem de vícios diversos: ficam presos em seus vícios e pensam que são livres. Se o ansioso estiver viciado em preocupações infundadas, como que lambendo as próprias feridas, ou como quem "coçando vai se acostumando" com os erros cognitivos, sem querer mudar de esquema, para manter, por exemplo, a falsa ilusão de que é vítima da vida, ele não sairá desta estrada. Os tabagistas pensam que entendem sobre essa questão do "querer", mas são apenas frágeis prisioneiros. Quem já fugiu dessa prisão sabe que não é – e não pode ser – "querer por querer", mas "querer por dever".

Terceira: Claro que mudanças pertinentes ao bom viver são convenientes, bastaria apenas repensar e refletir, sem exageros. No entanto, precisamos saber o que estamos mudando e por que estamos mudando. Aqui não pode ser "querer por dever" mudar, mas "dever por querer" mudar. Essa parece ser a questão fundamental, o que nos leva de volta ao ponto de partida. Convém, devo e quero mudar para me conhecer ainda mais e me reconhecer neste ser que sou e quero ser.

CONSIDERAÇÕES FINAIS

"Águas passadas não movem moinhos."
Provérbio popular

Chegamos até aqui!

Podemos concluir que, de tão extenso, o assunto sobre ansiedade jamais será esgotado. Podemos, no entanto, dar destaque ao início deste "caminho" dentre os vários itinerários possíveis.

O passo primordial nos parece ser o de refazer as "pazes" com a ansiedade e não dar "trégua" para o transtorno de ansiedade; fazer da diferenciação entre o normal e o patológico uma tarefa saudável. Estamos convictos de que a compreensão dessa diferença propicia uma melhor busca terapêutica. Embora, inicialmente, ela não extinga o transtorno ansioso, ajuda a conhecer o "inimigo" para mais tarde removê-lo. Propicia também conhecer a "amiga" chamada de ansiedade. A boa e necessária ansiedade nos acompanha desde o nosso nascimento e nos acompanhará até o final de nossa existência terrena.

Se nos for possível conhecer um pouco da "amiga" (ansiedade) e do "inimigo" (transtorno de ansiedade), que temos neste itinerário que é a vida, passaremos a nos proteger e nos potencializar ainda mais com o que é realmente saudável. Percorreremos o mundo, carregando nossas próprias vidas, a bagagem mais preciosa que nos foi ofertada. Isso exige que nos reconheçamos, em nossa própria identidade, antes de querer entender o mundo. A busca de querer ser este ser que somos, somada à vontade de se tornar melhor do que somos, nos levará a ponderar que este "ser que somos" não viverá sem este outro "ser que pretendemos ser". Para compreendermos esse paradoxo, da maneira mais simples possível, pensemos, por exemplo, na respiração nossa de cada dia, composta de inspiração e expiração. Não poderíamos deixar de lembrar aqui que quando uma pessoa está em crise de ansiedade, sentindo-se com terrível falta de ar, passa a inspirar fundo e não percebe que seus pulmões já se encontram carregados de gás carbônico e, por isso mesmo, necessita de expiração para esvaziar-se, antes de inspirar tão exageradamente. Poderíamos dar ênfase ao ato de expirar, esvaziando-nos de tais medos e desejos, para em seguida poder plenificar-nos com o sagrado oxigênio. No entanto, por medo ou apego, muitas vezes vivemos numa respiração suspirosa, que não nos completa. Respirar requer saber expirar; saber perder, para depois ganhar.

Esse simples modelo de enfrentamento nos remete aos passos terapêuticos da Terapia Cognitiva, que de modo prático, promove mudanças. Desfazer-se de pensamentos automáticos negativos e arraigados em crenças destrutivas facilita o surgimento de pensamentos mais flexíveis.

Flexibilizar, com dados realistas, pode saudavelmente provocar em nós todos um desejo de nos conhecermos mais e melhor, de aceitar o que temos e de mudar o que podemos. Repensar parece ser uma chave, talvez seja a chave de "ouro", mas certamente será com a chave de "prata", que é querer mudar, que chegaremos à primeira. Sim, querer mudar é um grande passo, mas somente nós podemos reivindicar tal mudança. Como já disse anteriormente no início do livro: "Você é um ser que pensa, sente e age, numa variedade própria de seus traços, vivências e capacidades. E mesmo essas capacidades são relativas no tempo e em cada ocasião. Você pensa e sabe que pensa, por isso mesmo vive centrado em seu próprio universo, com uma força centrípeta, sempre o levando de volta a si mesmo, ao centro de seu mundo. Você é a porta que se fecha ou se abre às reivindicações da vida".

Somos nossos próprios aliados nesta travessia. Cada um de nós é a porta, a chave, a força e a busca; existe em cada um a possibilidade que se abre neste caminho possível, de mudança. Podemos dar estes passos em busca de rumos que orientem o nosso viver, mas não devemos esquecer que em nossa dimensão existencial, esta condição limitada, passageira e frágil, precisaremos de humildade. Enquanto não estivermos munidos e preparados no combate aos transtornos ansiosos, precisaremos de mais estudos e mais psicoeducação. A dúvida poderá ser nossa aliada se for apenas um meio de buscarmos melhores respostas, desde que haja tolerância como meio para se chegar à realidade. Devemos realçar também que, além de nós, existem os outros e, além dos outros, existe o mundo e o futuro, e isso inclui a vida, a vida verdadeira a ser vivida, com seus mistérios.

Até aqui compartilhamos a busca dos nossos nós em nós. Inicialmente parece-nos ser sempre um caminho solitário, mas, no decorrer do tempo, vamos aprendendo com os outros seres humanos, que, por mais que nos pareçam estranhos, são os nossos espelhos. Sempre que nos vemos num espelho, percebemos, de alguma forma, coisas diferentes das esperadas: nos vemos mais velhos, mais sábios ou ainda mais inteligentes. Por vezes, raras, nos percebemos mais jovens. Também existe o espelho da autorreflexão: fechamos os olhos, nos vemos em pensamento e, ao nos "vermos", nos autoconhecemos um pouco mais. Se fizermos isso durante o dia em pequenos momentos, refletindo e buscando o tão saudável repensar da terapia cognitiva, os pensamentos automáticos negativos não seguirão em sua trajetória e não aparecerão como "bruxos" em forma de pesadelos, no decorrer das noites. No entanto, podemos afirmar que nosso melhor espelho é, e sempre será, o outro, o "estranho" outro. Por isso mesmo, ressaltamos sempre que: "O mundo é um 'estranho' com o qual, na rotina da vida, vamos nos familiarizando, porém, nunca completamente, mas se desistirmos, mais 'estranho' nos parecerá".

Os estranhos, que são os outros, são os mesmos que nos convocam para a outra busca: a busca centrífuga, a busca da saída de nós mesmos, para o outro e para o mundo. Somos muito misteriosos e ainda não fomos desvendados completamente. Todas as filosofias já sabem e dizem isso, mas a tarefa, por mais difícil que possa nos parecer, também será saudável. Saber desvendar o mundo e desvendar o "outro" que se encontra no mundo, no mesmo mundo em que residimos, sem fugir de fatos, exigirá de todos uma *performance* de tolerância e paciência. Todos nós queremos ser amados, valorizados e amparados pelo mundo, pelo outro, mas em nosso dever/devir, poderemos também aprender a amar, valorizar e amparar o outro. E quem é esse outro? Quem são esses outros?

Em todos os grupos, podemos observar e novamente citar o que foi dito anteriormente. Repito: "Quem não ama ou não sabe amar, mas quer ser amado a todo custo; quem não valoriza o que é valorizável e quer ser valorizado de qualquer forma; quem não ampara aquele que merece ser amparado e somente se lamenta de não ser amparado; torna-se um ser insaciável, inconsequente e inconsciente de seus atos". Aqui fica o alerta para que haja compreensão antes e entrega depois.

Observemos os grupos de forma geral, observemos resistências, defesas, ataques ou entregas, que nos remetem às reflexões. Assim, poderemos compreender que nós, como seres humanos limitados que somos, não precisamos aceitar a vida com resignações tolas e "já pensadas", fazendo de nosso caminho um trajeto árduo e tumultuado, mas sim buscarmos em nossa estrada, e em nossos pensamentos, um espaço para viver uma vida melhor, levando em conta nosso livre-arbítrio, partindo da tarefa de nos redescobrirmos em novos discernimentos cognitivos. E assim saberemos que existe em nós uma fresta de determinação e superação que nos move e nos estimula, nascida na ansiedade amiga de buscar ser quem somos e de sermos melhores do que somos.

Será possível superarmos vícios e pensamentos automáticos advindos de crenças antigas, que serão enfraquecidas ou removidas com as renovações realizadas em nosso pensar. Nos doamos ao mundo e aprendemos com ele, nos doamos ao outro e aprendemos com ele. O outro será espelho a ser seguido, se refletir caminhos de um mundo significativo para o nosso devir, mas poderá ser um espelho de desapontamentos, daquilo que não nos interessa e nem nos representa.

Qualquer que seja o ângulo que busquemos, teremos um rumo, a seguir ou a evitar. Aprenderemos com a ansiedade que existe em nós, frente ao mundo, frente ao futuro e frente ao outro. Trata-se de um constante aprendizado concretizado na busca da mudança, da superação, com flexibilidade e aceitação, com disciplina e dedicação, para que possamos pertencer ao mundo que nos cerca e resgatar a vida que possuímos.

Se é verdade que "a diferença do veneno e do remédio está na dose", vale lembrar que a ansiedade pode ser um "remédio" se cuidarmos de evitar os exageros do "veneno", que é o famigerado transtorno de ansiedade.

Se é verdade que "aos barcos sem rumo, nem os bons ventos ajudam", não podemos deixar de investir um pouco de tarefa e estudo para nos decidirmos por rumos melhores.

Se é verdade que "se não fossem os nós, os bambus cresceriam muito, mas na primeira lufada de vento, os bambus sucumbiriam", cabe a nós todos aprendermos com as lições e tropeços da vida, mas insistirmos em levantar e seguir para nos mantermos em nosso crescimento.

Se é verdade que "o homem livre é Senhor de sua vontade e escravo de sua consciência", estejamos atentos e vigilantes em relação às diferenças entre servidão e determinação.

Assim, poderemos "remar, mesmo quando não houver vento", pois estaremos com o "remo" da nossa melhor cognição em nossas mãos. Decidiremos nossos rumos – mesmo que em parte –, escreveremos nosso próprio destino, participaremos de uma vida mais saudável e abriremos bons caminhos neste mundo complexo.

Anexo I – Lista de onze erros mais comuns

1. **Pensamento do tipo "tudo ou nada".** Colocar as experiências em duas categorias opostas – por exemplo, perfeito ou imperfeito, imaculado ou obsceno, santo ou pecador.

2. **Generalização.** Fazer inferências generalizadas a partir de um único exemplo (p. ex., "não consigo controlar meu temperamento").

3. **Diminuir o lado positivo.** Decidir que, se algo bom aconteceu, não pode ter sido muito importante.

4. **Tirar conclusões precipitadas.** Concentrar-se em um aspecto de uma situação para decidir como compreendê-la (p. ex., "A razão pela qual não me telefonam do emprego que estou tentando é que decidiram não me contratar").

5. **Ler a mente.** Acreditar que sabe o que outra pessoa está pensando, com poucas evidências disso.

6. **Prever o futuro.** Acreditar que sabe o que o futuro trará, ignorando outras possibilidades.

7. **Magnificação/minimização.** Avaliar a importância de um evento negativo, ou a falta de importância de um evento positivo de maneira distorcida.

8. **Raciocínio emocional.** Acreditar que algo deve ser verdade, pois parece ser verdade.

9. **Fazer declarações do tipo "eu deveria".** Dizer a si mesmo que deve fazer (ou devia ter feito) algo, quando seria mais correto dizer que gostaria de fazer (ou gostaria de ter feito) algo desejável.

10. **Rotulação.** Usar um rótulo ("mãe má", "idiota") para descrever um comportamento, imputando todos os significados que o rótulo carrega.

11. **Culpa inadequada.** Usar percepção tardia para determinar o que "devia ter feito", mesmo que não houvesse como fazer o que era melhor naquela hora; ignorar fatores mitigantes; ou ignorar os papéis de outras pessoas em um resultado negativo.

BECK, Aaron *et al.* "Tabela sobre Erros Cognitivos" (1979). *In*: DOBSON, Keith S. *et al. Manual de Terapias Cognitivo--Comportamentais.* Porto Alegre: Artmed, 2006, p. 272.

Anexo II – Lista de quatorze distorções cognitivas mais comuns

Catastrofização – Pensar que o pior de uma situação irá acontecer, sem levar em consideração a possibilidade de outros desfechos. Acreditar que o que aconteceu ou irá acontecer será terrível e insuportável. Eventos negativos que podem ocorrer são tratados como catástrofes intoleráveis, em vez de serem vistos em perspectiva. Exemplos: Perder o emprego será o fim da minha carreira. Eu não suportarei a separação da minha mulher. Se eu perder o controle, será meu fim.

Raciocínio emocional (emocionalização) – Presumir que sentimentos são fatos. "Sinto, logo existe". Pensar que algo é verdadeiro porque tem um sentimento (na verdade, um pensamento) muito forte a respeito. Deixar os sentimentos guiarem a interpretação da realidade. Presumir que as reações emocionais necessariamente refletem a situação verdadeira. Exemplos: Eu sinto que minha mulher não gosta mais de mim. Eu sinto que meus colegas estão rindo nas minhas costas. Sinto que estou tendo um enfarto, então deve ser verdadeiro. Sinto-me desesperado, portanto, a situação deve ser desesperadora.

Polarização (pensamento tudo ou nada, dicotômico) – Ver a situação em duas categorias apenas, mutuamente exclusivas, em vez de em um *continuum*. Perceber eventos ou pessoas em termos absolutos. Exemplos: Deu tudo errado na festa. Devo sempre tirar a nota máxima, ou serei um fracasso. Ou algo é perfeito, ou não vale a pena. Todos me rejeitam. Tudo foi uma perda de tempo total.

Abstração seletiva (visão em túnel, filtro mental, filtro negativo) – Um aspecto de uma situação complexa é o foco da atenção, enquanto outros aspectos relevantes da situação são ignorados. Uma parte negativa (ou mesmo neutra) de toda uma situação é realçada, enquanto todo o restante positivo não é percebido. Exemplos: Veja todas as pessoas que não gostam de mim. A avaliação do meu chefe foi ruim (focando apenas em um comentário negativo e negligenciando todos os comentários positivos).

Adivinhação – Prever o futuro. Antecipar problemas que talvez não venham a existir. Expectativas negativas estabelecidas como fatos. Exemplos: Não irei gostar da viagem. Ela não aprovará meu trabalho. Dará tudo errado.

Leitura mental – Presumir, sem evidências, que sabe o que os outros estão pensando, desconsiderando outras hipóteses possíveis. Exemplos: Ela não está gostando da minha conversa. Ele está me achando inoportuno. Ele não gostou do meu projeto.

Rotulação – Colocar um rótulo global, rígido, em si mesmo, numa pessoa ou situação, em vez de rotular a situação ou o comportamento específico. Exemplos: Sou incompetente. Ele é uma pessoa má. Ela é burra.

Desqualificação do positivo – Experiências positivas e qualidades que conflituam com a visão negativa são desvalorizadas porque "não contam" ou são triviais. Exemplos: O sucesso obtido naquela tarefa não importa, porque foi fácil. Isso é o que esposas devem fazer, portanto, ela ser legal comigo não conta. Eles só estão elogiando meu trabalho porque estão com pena.

Minimização e maximização – Características e experiências positivas em si mesmo, no outro ou nas situações são minimizadas, enquanto o negativo é maximizado. Exemplos: Eu tenho um ótimo emprego, mas todo mundo tem. Obter notas boas não quer dizer que eu sou inteligente, os outros obtêm notas melhores do que as minhas.

Personalização – Assumir a culpa ou responsabilidade por acontecimentos negativos, falhando em ver que outras pessoas e fatores também estão envolvidos nos acontecimentos. Exemplos: O chefe estava com a cara amarrada, devo ter feito algo errado. É minha culpa. Não consegui manter meu casamento, ele acabou por minha causa.

Hipergeneralização – Perceber num evento específico um padrão universal. Uma característica específica numa situação específica é avaliada como acontecendo em todas as situações. Exemplos: Eu sempre estrago tudo. Eu não me dou bem com mulheres.

Imperativos ("deveria" e "tenho que") – Interpretar eventos em termos de como as coisas deveriam ser, em vez de simplesmente considerar como as coisas são. Afirmações absolutistas na tentativa de prover motivação ou modificar um comportamento. Demandas feitas a si mesmo, aos outros e ao mundo para evitar as consequências do não cumprimento dessas demandas. Exemplos: Eu tenho que ter controle sobre todas as coisas. Eu devo ser perfeito em tudo que faço. Eu não deveria ficar incomodado com minha esposa.

Vitimização – Considerar-se injustiçado ou não entendido. A fonte dos sentimentos negativos é algo ou alguém, havendo recusa ou dificuldade de se responsabilizar pelos próprios sentimentos ou comportamentos. Exemplos: Minha esposa não entende meus sentimentos. Faço tudo pelos meus filhos e eles não me agradecem.

Questionalização (E se?) – Focar o evento naquilo que poderia ter sido e não foi. Culpar-se pelas escolhas do passado e questionar-se por escolhas futuras. Exemplos: Se eu tivesse aceitado o outro emprego, estaria melhor agora. E se o novo emprego não der certo? Se eu não tivesse viajado, isso não teria acontecido.

KNAPP, Paulo *et al. Terapia Cognitivo-Comportamental na Prática Psiquiátrica.* Porto Alegre: Artmed, 2004, p. 32-33.

Anexo III – Inventário de Ansiedade de Beck: BAI

BAI

Data: _____

Nome_____ Estado Civil:_____ Idade:_____ Sexo_____
Ocupação_____ Escolaridade:_____

Abaixo está uma lista de sintomas comuns de ansiedade. Por favor, leia cuidadosamente cada item da lista. Identifique o quanto você tem sido incomodado por cada sintoma durante a última semana, incluindo hoje, colocando um "x" no espaço correspondente, na mesma linha de cada sintoma

	Absolutamente não	Levemente Não me incomodou muito	Moderadamente Foi muito desagradável mas pude suportar	Gravemente Dificilmente pude suportar
1. Dormência ou formigamento				
2. Sensação de calor				
3. Tremores nas pernas				
4. Incapaz de relaxar				
5. Medo que aconteça o pior				
6. Atordoado ou tonto				
7. Palpitação ou aceleração do coração				
8. Sem equilíbrio				
9. Aterrorizado				
10. Nervoso				
11. Sensação de sufocação.				
12. Tremores nas mãos				
13. Trêmulo				
14. Medo de perder o controle				
15. Dificuldade de respirar				
16. Medo de morrer				
17. Assustado				
18. Indigestão ou desconforto no abdômen				
19. Sensação de desmaio				
20. Rosto afogueado				
21. Suor				

"Traduzido e adaptado por permissão de The Psychological Corporation, U.S.A. Direitos reservados ©1991, a Aaron T. Beck. Tradução para a lingua portuguesa. Direitos reservados © 1993 a Aaron T. Beck. Todos os direitos reservados."

Tradução e adaptação brasileira, 2001, Casa do Psicólogo Livraria e editora Ltda. BAI é um logotipo da Psychological Corporation.

Anexo IV – Registro Diário de Pensamentos Disfuncionais

Data	Situação	Emoção(ões)	Pensamento(s) automático(s)	Distorção(ões) cognitiva(s)	Resposta(s) racional(is)	Resultados
	1. O acontecimento que motivou a emoção desagradável, ou	1. Especifique: triste, chateado, ansioso, etc.	1. Anote o pensamento ou pensamentos automáticos que precedem a emoção ou emoções	1. Identifique a(s) distorção(ões) presente(s) em cada pensamento automático	1. Anote resposta(s) racional(is) ao pensamento(s) automático(s) de 0 a 100	1. Volte a avaliar o grau de crença nos pensamentos de 0 a 100
	2. A corrente de pensamento ou a lembrança que motivou a emoção desagradável	2. Avalie a intensidade de 1 a 100	2. Avalie o grau de crença nos pensamentos automáticos de 0 a 100	2. De que maneira estou personalizando, abstraindo seletivamente, minimizando, etc.?	2. Avalie o grau de crença na resposta racional de 0 a 100	2. Especifique e avalie de 0 a 100 as emoções que o seguem

Folha de autorregistro empregada na terapia cognitiva (adaptada de Beck e cols.,1979; 1985)

ANEXO V – QUESTIONANDO PENSAMENTOS AUTOMÁTICOS

- Quais evidências apoiam esta ideia? Quais são as evidências contra esta ideia?
- Existe uma explicação ou ponto de vista alternativo?
- Qual é a *pior* coisa que poderia acontecer (se é que eu já não estou pensando o pior)?
- E se isso acontecesse, como eu poderia enfrentar?
- Qual é a melhor coisa que poderia acontecer?
- Qual é o resultado mais realista?
- Qual é o efeito de eu acreditar no pensamento automático?
- Qual poderia ser o efeito de mudar o meu pensamento?
- O que você diria a um amigo específico ou familiar se ele estivesse na mesma situação?
- O que eu devo fazer?

BECK, Judith S. "Questionando Pensamentos Automáticos". *Terapia Cognitivo-Comportamental: Teoria e Prática*. 2. ed. Porto Alegre: Artmed, 2013, p. 193.

Apêndice

O uso da Terapia cognitivo-comportamental no tratamento de transtornos ansiosos: uma abordagem em grupo

Abaixo, os resultados da aplicação do questionário BAI – Inventário de Beck – que foi utilizado em cada encontro de fevereiro a setembro de 2014, com a participação de todos e dos dois terapeutas.

É um instrumento muito usado em Terapia Cognitivo--Comportamental – TCC, principalmente pelos psicólogos, com excelentes resultados e fácil manejo.

Foi também um instrumento eficaz em grupo, permitindo a cada um o automonitoramento em ambiente coeso e protegido.

Observa-se nos gráficos um início com escores altos, mas a sequência revela estabilidades e melhoras significativas.

Abaixo, resultado do monitoramento da ansiedade, BAI – Inventário de Beck – utilizado em cada encontro de fevereiro a setembro de 2014. Referente aos pacientes: A, J, C, F, E.

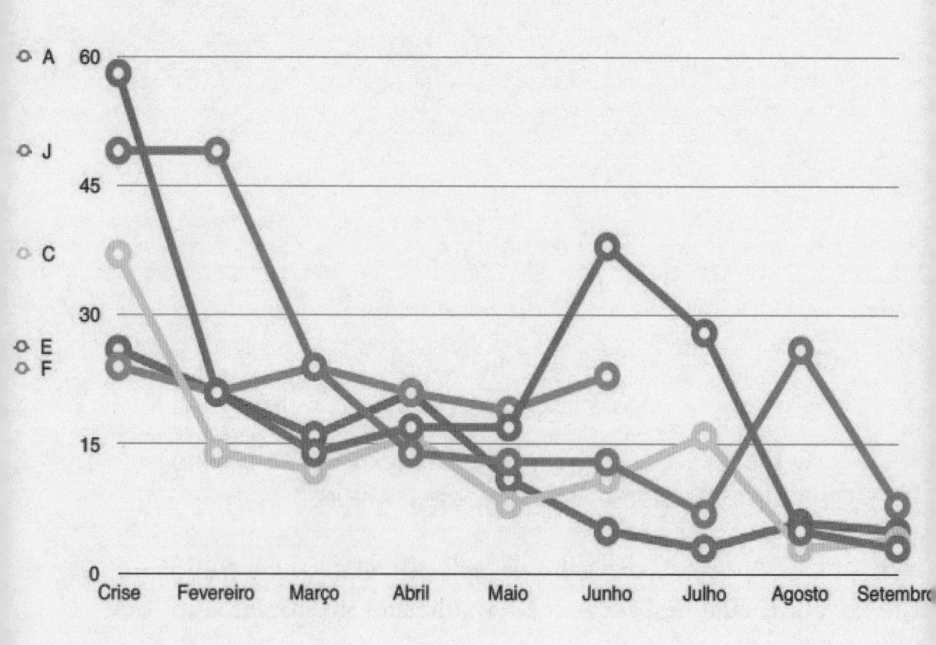

Abaixo, resultado do monitoramento da ansiedade, BAI – Inventário de Beck – utilizado em cada encontro de fevereiro a setembro de 2014. Referente aos pacientes: N, H, B, G, K.

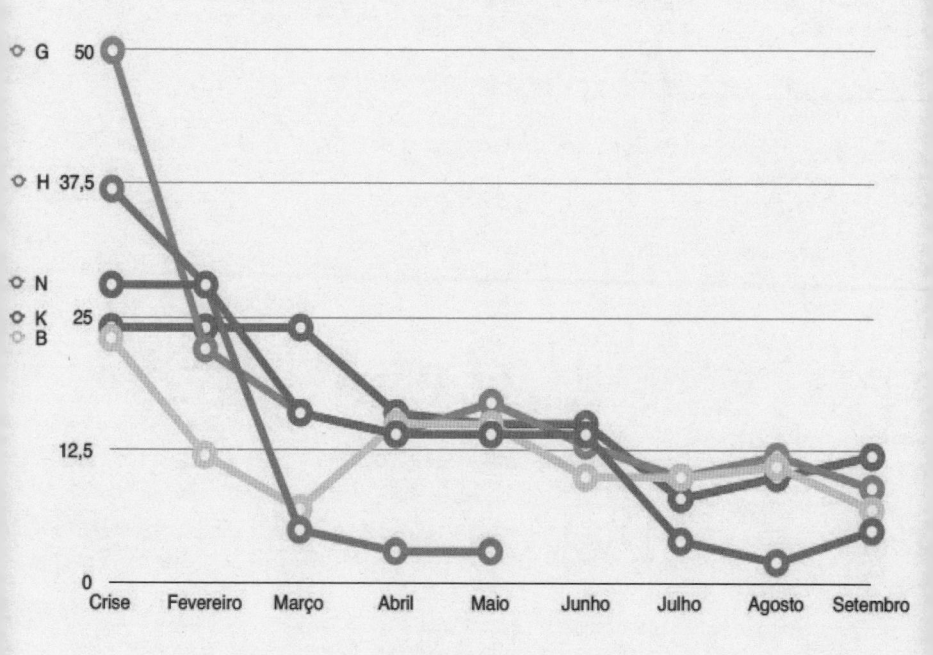

BIBLIOGRAFIA

AMERICAN PSYCHIATRIC ASSOCIATION. *Manual Diagnóstico e Estatístico de Transtornos Mentais: DSM-5*. 5. ed. Trad. Maria Inês Corrêa Nascimento *et al*. Rev. tec. Aristides Volpato Cordioli *et al*. Porto Alegre: Artmed, 2014.

BAUMAN, Zygmunt. *Medo Líquido*. Trad. Carlos Alberto Medeiros. Rio de Janeiro: Jorge Zahar, 2008.

BECK, Aaron T.; CLARK, David A. *Terapia Cognitiva para os Transtornos de Ansiedade: Ciência e Prática*. Porto Alegre: Artmed, 2012.

BECK, Judith S. *Terapia Cognitivo-Comportamental: Teoria e Prática*. 2. ed. Porto Alegre: Artmed, 2013.

_____. *Terapia Cognitiva para Desafios Clínicos*. Porto Alegre: Artmed, 2007.

BERNE, Eric. *O que Você Diz Depois de Dizer Olá? A Psicologia do Destino*. São Paulo: Nobel, 1991.

BIELING, Peter J.; MCCABE, Randi E.; ANTONY, Martin M. *Terapia Cognitivo-Comportamental em Grupos*. Porto Alegre: Artmed, 2008.

CABALO, Vicente E. *Manual de Técnicas de Modificação do Comportamento*. 1ª reimp. São Paulo: Editora Santos Livraria,1999.

CORDIOLI, Aristides V. *et al*. *Psicofármacos: Consultas Rápidas*. 3. ed. Porto Alegre: Artmed, 2005.

_____. *Vencendo o Transtorno Obsessivo-Compulsivo*. Porto Alegre: Artmed, 2015.

DOBSON, Keith S. *et al*. *Manual de Terapias Cognitivo- -Comportamentais*. Porto Alegre: Artmed, 2006.

DUGAS, Michel J.; ROBICHAUD, Melisa. *Tratamento Cognitivo-Comportamental para o Transtorno de Ansiedade Generalizada: Da Ciência para a Prática*. Rio de Janeiro: Cognitiva, 2009.

FRANKL, Viktor E. *Em Busca de Sentido*. Petrópolis: Sinodal/ Vozes, 1985.

GENTIL, Valentim; LOTUFO-NETO, Francisco; BERNIK, Márcio (orgs.). *Pânico, Fobias e Obsessões: A Experiência do Projeto Amban*. 3. rev. São Paulo: Universidade de São Paulo, 1997.

KIERKEGAARD, Søren. *O Conceito da Angústia*. Trad. Álvaro Luiz Montenegro Valls. Petrópolis: Vozes, 2017.

KNAPP, Paulo *et al*. *Terapia Cognitivo-Comportamental na Prática Psiquiátrica*. Porto Alegre: Artmed, 2004.

LEAHY, Robert L. *Livre de Ansiedade*. Porto Alegre: Artmed, 2010.

NARDI, Antônio Egídio. *Transtorno de Ansiedade Social: Fobia Social – A Timidez Patológica*. Rio de Janeiro: Medsi, 2000.

NARDI, Antônio Egídio; QUEVEDO, João; SILVA, Antônio Geraldo da. *Transtorno de Pânico: Teoria e Clínica*. Porto Alegre: ABP/Artmed, 2013.

ORGANIZAÇÃO MUNDIAL DA SAÚDE. *Classificação Estatística Internacional de Doenças e Problemas Relacionados à Saúde: CID-10*. 10. rev. 7. ed. São Paulo: Universidade de São Paulo, 1999.

RANGÉ, Bernard; BORBA, Angélica. *Vencendo o Pânico*. Rio de Janeiro: Cognitiva, 2015.

SUDAK, Donna M. *Combinando Terapia Cognitivo--Comportamental e Medicamentos: Uma Abordagem Baseada em Evidências*. Porto Alegre: Artmed, 2012.

TILLICH, Paul. *A Coragem de Ser: Baseado nas Conferências Terry Pronunciadas na Yale University*. 5. ed. Trad. Eglê Malheiros. São Paulo: Paz e Terra, 1992.

YALOM, Irvin D.; LESZCZ, Molyn. *Psicoterapia de Grupo: Teoria e Prática*. Porto Alegre: Artmed, 2006.

Esta obra foi composta em CTcP
Capa: Supremo 250g – Miolo: Pólen Natural 70g
Impressão e acabamento
Gráfica e Editora Santuário